주경야독 양계장 김씨의 독서록 100

국립중앙도서관 출판예정도서목록(CIP)

마흔살의 책꽂이 / 지은이: 김우태. ― 파주 : 작은숲출판사
, 2018
  p. ;   cm

ISBN 979-11-6035-054-8 03000 : ₩15000

독서 기록[讀書記錄]

029.85-KDC6
028.5-DDC23   CIP2018035415

주경야독 양계장 김씨의 독서록 100

마흔살의
책꽂이

2018년 11월 26일 제1판 제1쇄 발행

지은이   김우태
펴낸이   강봉구

펴낸곳   작은숲출판사
등록번호 제406-2013-000081호
주소   413-170 경기도 파주시 신촌로 21-30(신촌동)
서울사무소 100-250 서울시 중구 퇴계로 32길 34
전화   070-4067-8560
팩스   0505-499-8560

홈페이지 http://cafe.daum.net/littlef2010
이메일   littlef2010@daum.net

ⓒ김우태

ISBN 979-11-6035-054-8 03000
값은 뒤표지에 있습니다.

주경야독 양계장 김씨의 독서록 100

마흔살의
책꽂이

작은숲

머리말

마흔에 읽고 정리한 독서록입니다. 저는 '독서수양록'이라고 이름 붙이고 있습니다. 독서를 통해 수양을 하자는 의미입니다. 책은 사람을 성장시켜 주는 게 확실한 것 같습니다. 책에 집중해서 독파해 온 지 언 10년이 넘었습니다. 그간 쓴 책이 무려 스무 권이 넘습니다. 다 독서를 통해 이렇게 성장해 온 것입니다. 저는 독서의 힘을 믿습니다. 제가 책을 읽지 않았더라면 여기까지 오지도 못했을 겁니다. 책을 통해 꿈을 찾았고, 그 꿈을 이루기 위해 장도에 올라섰으니 이 얼마나 행복한 일인지요.

이렇게 우아하고, 멋지고, 좀 있어 보이게 머리말을 쓰려고 했으나 그냥 가볍게 쓰기로 결정했습니다. 멋지게 쓰려면 자꾸 가식이 들어 가거든요. 거두절미! 책은 좋습니다. 읽으십시오. 하루에 10분 정도 만 읽어 보는 겁니다. 그렇게 꾸준히 하다 보면 뭔가 길이 보입니다.

희망을 찾을 수 있습니다. 요즘 살기 팍팍하잖아요. 정말 먹고살기 힘듭니다. 직장에서의 온갖 스트레스는 정말 사람을 죽이고 싶을 정도로 분노폭발하기 일보직전입니다. 장사는 잘되나요? 언제 호황이었던 적이 있었나요? 늘 불황이었죠. 인생은 고해입니다.

그러니 로또를 사려고 줄을 서게 됩니다. 로또 10억만 당첨된다면, 된다면… 이런 꿈을 꾸면서 살게 됩니다. 일주일을 그렇게 버티는 거죠. 그리고 추첨일이 지나면 또 푸념을 내면서 출근을 하게 됩니다. 너무 수동적이잖아요. 비참합니다.

인생이 비굴해질수록 책을 읽어야 합니다. 책 속에 길이 있고, 책을 통해 혜안을 갖게 되고, 희망을 품게 됩니다. 오늘은 힘들어도, 내일도 물론 힘들겠지만, 모레는 반드시 좋아질 것이라는 믿음이 생겨나게 됩니다. 차분히 하루에 10분씩 투자해서 독서를 하는 겁니다. 그냥 읽다 보면, 그렇게 하루 이틀 삼일 사일 사이일 지나다 보면 뭔가 얻어걸리는 게 있을 겁니다. 무협지도 좋아요, 아무 책이나 됩니다. 계속 읽으십시오.

저도 직장에 다닙니다. 스트레스 '만빵'이죠. 힘들어 죽겠습니다. 그래도 책을 읽으면서 꿈을 계속 키우고 있습니다. 내 이름 석 자로만 사는 날을 꿈꾸며 읽고 씁니다. 그게 저에게 허락된 최고의 유희이며 재충전이 됩니다. 저도 겁나 책 안 읽던 놈이었습니다. 32세부터 읽기 시작해서 지금까지 한 10년 넘게 읽었습니다. 제 삶이 획기적으로 바뀌지는 않았습니다만(늘 획기적으로 바뀌기를 기대하며 살지만) 점점 좋은 쪽으로 가는 것만은 확실하다는 점을 말씀드리고 싶습니다. 그간 쓴 책이 수십 여 권에 달합니다. 아직 확실하게 뜬 책이 없지만, 또 압니까? 언젠가는 뜰지요. 또 안 뜨면 어떻고요, 읽고 쓰는 재미에 푹 빠져서 살면 그만인걸요.

목차

1 읽기와 쓰기의 기쁨

2 관계에 대하여

4 삶을 대하는 자세

5 성찰의 기쁨

6 세상 그리고 나

정상에 오른 사람들, 그들이 사는 법

일생에
한번은
고전을
만나라

이상민 지음

글이
돈이
기적
되는

이상민 지음

박상욱 장편소설, 문학전집에 이르는 메시지가

밑줄 긋는 여자

김태균 소설

대
통
령
의
글
쓰
기

강원국 지음

김태균, 누구에게 대통령에게 배우는
자신감은 글쓰기는 근하는기 비법

남자의 일생

호모
쿠라스
고미숙 지음

내 머리로
생각하는
역사
이야기
유시민

푸른나무

한명회

누구를 위한 책략인가?
무엇을 위한 권력인가?

에디톨로지

창조는 편집이다

김정운

KBS 2TV 신년 특강
'김정운, 에디톨로지'
강의로보어 유쾌한 창조력 수업

하루 25쪽
독서습관

'한 권의 책을 읽으면 한 사람의 인생을 알 수 있다'

L'Art
de Lire
THE
ART OF
READ
ING

단단한 독서

내 삶의 기초를 다지는
근본적 읽기의 기술

에밀 파게

The Tyranny of Choice

선악이라는
이데올로기

남
자
의
물
건

김정운 에세이

이야기
세계종교

유교

儒

당신은 그들의 종교를 얼마나 이해하는가

당신이
쓰는
모든 글이
카피다

카피책

공부해서
남 주다

대중과 교양을 나누어 성공한
지식인들의 남다른 삶

Eric Hoffer · Ray Bradbury · Milton Friedman
Mortimer Adler · Will & Ariel Durant

1부
읽고 쓰는 기쁨

001

내가 원하는 삶

한근태 지음 일생에 한번은 고수를 만나라

요즘 동시에 몇 권의 책을 쓴다. 많은 글을 쓰려면 생활이 심플해야 한다. 저녁 약속이 있거나 늦게 자거나 술을 마시면 리듬이 깨진다. 완전 승려의 생활과 다름없다. 예전엔 술도 좋아하고 모임도 제법 많았다. 요즘은 저녁 약속을 거의 하지 않는다. 주로 점심으로 대체한다. 새벽에 일어나 글을 쓴다. 글을 쓰다 지치면 헬스장에 가서 운동을 한다. 점심을 먹고 서점에 가거나 영화를 본다. 아니면 산책을 한다. 책을 읽거나 읽은 책의 주요 대목을 입력하거나 신문을 본다. 분위기를 바꾸기 위해 수시로 차를 마신다. 보이차, 우롱차, 녹차, 연잎차, 메밀차, 커피 등등. 차를 마시며 음악을 듣는다. 낮잠도 즐긴다. 저녁을 먹고는 가족들과 논다. 9시쯤 잠자리에 든다. 완전 새나라의 어린이다. 따분해 보이지만 즐겁다. 성과도 제법 난다.

100퍼센트 정확하게 내 꿈과 일치하는 문장을 만났다. 내가 원하는 삶이다. 단출한 삶이다. 새벽에 일어나 글을 쓰고, 책을 읽고, 그러다 지치면 헬스장에 가서 똥배를 넣는다. 차를 좋아하여 여러 가지를 집에서 우려 마시고, 산책하다가 고단해지면 잠시 눈도 붙였다가 다시 책을 꺼내들고, 또 글을 쓴다. 글은 새벽에 써야겠다. 그래야 명료한 상태를 유지할 수 있을 것 같다. 저녁에는 가족들과 논다. 맛난 것도 먹고, 아이스크림 핥으면서 산책도 하는 거다. 생활비 걱정은 별로 없다. 어차피 씀씀이도 적기 때문이다. 아이도 다 커서 들어갈 돈도 별로 없다. 그저 아내와 내가 먹고 노는 데 쓸 돈만 있으면 되겠다.

이때는 핸드폰도 없다. 나에게 연락하려면 아내에게 전화 걸면 된다. 거의 항시 붙어 있기 때문이다. 하긴 나에게 걸려올 전화도 거의 없을 것이다. 이때는 책도 많이 사서 볼 것이다. 글 재료이기 때문이다. 아니면 도서관 가까운 곳에 거주하면서 그곳을 서재처럼 이용할지도 모르겠다. 땅을 밟으며 살고 싶으면 땅을 사서 집을 짓고 살아야겠다. 도서관은 멀어지겠지만, 책을 살 돈은 넉넉하니 사 보면 될 것이고, 또한 여러 출판사와 관계자들로부터 책이 무료로 공급될 테니 책값 걱정은 안 해도 될 것 같다. 때로는 밭에서 소일거리를 할 것이다. 고추도 키워 먹고, 상추도 키워 먹겠지. 커다란 진돗개도 한두 마리 사서 키우고, 닭도 몇 마리 풀어 놓고 키울 것이다. 가끔 집에 찾아오는 손님이 있으면 고기를 숯불로 구워서 대접해야지.

매년 새해가 되면 목표를 세운다. 달력 6월쯤에 목표를 적어 놓은
포스트잇을 붙여 놓는다. 중간점검하는 거다.

1. 책 두 권 내겠다

2. 더 치열하게 독서하겠다.

3. 오키나와로 가족여행 가겠다.

1번 꿈은 이루어질 것 같다. 벌써 한 권 나왔고, 조만간 또 한 권
나올 예정이다.

2번 꿈은 진행 중이다.

3번 꿈은 연말이 되어 봐야 알겠지만 오키나와에서 제주도로 바뀌
었다. 그래도 가족여행은 갈 수 있다. 계획조차 세우지 않았더라면
못 갔을 것이다.

이성주 지음 글이 돈이 되는 기적

002

돈 안 되는 글쓰기

문화 예술인의 63퍼센트가 월평균 100만 원 이하를 벌고, 수입이 전혀 없는 예술인이 37퍼센트에 이른다는 사실은 '딴 세상' 이야기였다. 글을 쓰는 '작가'에 한정한다면, 우리나라의 소설가, 시나리오작가, 드라마작가 등등의 '평균연봉'은 500만 원이다. 통계청 발표이니 믿어 보자. 그러나 이 500만 원에는 허수가 존재한다. 상위 1퍼센트의 수십 억 대 인세를 자랑하는 이들을 제외한다면, 평균적인 작가는 연봉 300만 원을 달한다는 것이 기본적인 인식이다. 월 수익이 아니라 '연봉'이다.

나는 돈 안 되는 일에 꽂힌다. 숯을 만드는 장인, 매를 조련하는 사람, 활을 만드는 사람, 인간문화재 등등 모두 돈 안 되는 일이다. 그러나 나는 이런 분들을 보고 있으면 마음속 깊숙이 존경심이 솟구쳐 오른다. 약간의 외골수적인, 장인스러운 면을 사랑한다. 그런 면에 있어서 작가는 참으로 매력적이다.

돈이 안 되니까 많은 사람들이 꼬이지 않는다. 처음에는 버티고 있지만, 나중에는 다 나가 떨어진다. 연극판만 해도 그렇지 않은가. 부푼 꿈을 안고 연극판에 몰려들지만, 공연 3개월 준비해서 받는 돈이 30만 원이라면 어떤 미친놈이 버티고 있겠는가. 그럼에도 불구하고 끝까지 버티는 사람들이 있다. 집안이 부유하여 버티는 사람도 있지만, 막노동으로 벌면서 끝까지 버티는 사람들이 분명 존재한다. 나는 이들도 무한히 존경한다.

작가로서 대성해서 생계도 해결하고 명예도 드높이고 싶은 것은 당연한 일이 아닐까. 나 또한 그렇다. 그런 꿈이 있다. 베스트셀러 작가가 되어 떵떵거리며 잘 살고 싶고, 이 지긋지긋한 양계장 일부터 때려치우고 싶다. 그래서 오늘도 BS라는 약칭 (Best seller)을 되뇌며 꿈을 다지고 있는 중이다. 나뿐만이 아니라 가족에게도 계속 주입시키고 있고, 아들녀석에게도 내 꿈을 매일 공유하고 있다.

"아빠 BS가 될 거야. 너도 하느님께 기도해 줘."

그래 좋다. 진짜 BS가 못 되어도 좋다. 평생 양계장 일을 하면서 글을 써도 좋다. 글만 쓸 수 있으면 그것만으로도 감사한 일이다. 정말이다. 물론 꿈을 이루지 못했다는 것에 대한 한탄이야 있겠지만 그래도 매일 조금이라도 글을 쓸 수 있는 게 어디인가. 일 하면서 몇 권의 책을 출판하게 되는 것이 어디인가. 결국 나는 양계장 김 씨이면서 작가가 되는 것이다.

어떤 직종이든 상위 1%는 잘 팔린다. 떵떵거린다. 사실 나도 상위 1%가 되고 싶다. 전 세계적인 1% 작가가 되고 싶은 게 솔직한 심정이다. 하루 종일 책 읽고, 글만 쓸 수 있으면 좋겠다. 이건 완전한 기적에 가까운 일이다. 그래, 나는 기적을 원한다. 나는 기적을 믿는다. 그래서 내가 믿고 있는 신께 늘 기도드린다.

'기적을 제게 보여 주십시오.'

나는 마지막까지 이 자리에 남아 있을 것이다. 글을 쓰기 위해 돈을 벌 것이다. 평생 요모양으로 있더라도 후회 없이 계속 써댈 것이다. 그것이야말로 내가 살 수 있는 원동력이며, 내가 살아 있는 이유이기 때문이다.

003

성수선 지음 **밑줄 긋는 여자**

어디까지 솔직해질 수 있는가?

불량이 발생한 그 문제의 제품을 생산한 생산법인의 부장이 노발대발하는 해외법인 법인장에게 사과하며 말했다. '용서해주신다면 발가락이라도 핥겠다'고.

그 자리에 함께 있던 난 내 귀를 믿을 수가 없었다. 저 사람이 지금 뭐라고 하는 거지? 어떻게 저런 굴욕적인 말을 할 수 있지? 그것도 몇 명이나 함께 있는 자리에서?

글을 쓸 때 얼마나 솔직하게 써야 할까? 소설도 아니고, 시도 아닌 에세이를 쓴다면 어디까지 써야 할까? 내가 이런 고민을 하는 이유는 '너무도' 솔직하게 써서 그 글의 주인공이 된 사람에게 괜한 피해가 가지 않을까 우려돼서다. 성수선이 쓴 책 〈밑줄 긋는 여자〉라는 에세이를 보면 남 이야기를 거르지 않고 쓰는데 그 남이 그녀의 책을 봤을 때 어떤 생각을 갖게 될까? 감추고 싶은 비밀일 수도 있는데 책을 통해 세상에 완전 오픈된 것 아닌가. 책이란 것이 저자가 죽어도 남는 것인데, 더군다나 만약 베스트셀러, 스테디셀러가 된다면 지구가 멸망할 때까지 남게 될 텐데 이 얼마나 굴욕적인가 말이다.

생산법인의 부장이 누군지 모르고, 이름도 모르지만 성수선을 알 만한 사람은 다 알지 않을까? 주변에 저런 작가들이 있다면 정말 몸 조심하고 싶을 것 같다. 도대체 어떤 일을 어떻게 쓸지 모르니 말이다. 물론 실명을 밝히지는 않겠지만, 당사자는 정말 기분이 나쁠 수도 있겠다.

그래서 고민이 되는 거다. 나도 점점 글쟁이가 되어가고 있는데, 책도 내고 세상에 내가 하고 싶은 말이 있는데, 어느 선까지 말을 해야 할지 고민이 된다. 하나 예를 들면 이해하기 쉽겠다. 내가 책을 냈다 치자. 작가 소개란에 내 이름이 나오고, 내 소개가 나오고, 내가 글을 올리는 블로그 주소가 나온다. 나는 회사원이므로 계속 회사는

다니는 상태다. 주변에 책을 읽는 사람이 없으니 내 책을 읽을 리 만무하겠지만 혹 재수 없어서 내가 낸 책을 읽을 수 있고, 또 작가 소개란을 통해 나의 블로그를 즐겨찾기에 추가해 놓을 수도 있다. 어떤이는 대놓고 내게 전화해서 책을 냈냐고 말을 걸어올 수도 있지만, 어떤 이들은 그냥 조용히 내가 쓴 글을 읽을 수도 있다. 만약 이런 사태가 발생된다면 나는 그들의 눈치를 살피느라 글을 제대로 쓸 수 없을 것만 같다. 더군다나 내 글을 읽고 있는 이가 나의 생살여탈권을 쥐고 있는 직장상사라면 더더욱 힘들겠지. 이럴 때 나는 얼마나 솔직하게 글을 쓸 수 있겠는가. 반드시 고민하고 결정하고 넘어가야 흔들리지 않을 것이다.

오늘 상사에게 개같이 욕먹었다. 아무리 생각해도 그렇게 욕먹을 상황은 아니었다. 이 'ㅈ'같은 상황을 나는 블로그에 적어 놓았다. 이 글을 상사가 봤을 때 과연 나를 가만히 두겠는가? 글을 제대로 쓰려면 직장을 그만두고 알바나 하면서 글을 써야 마음 놓고 쓸 수 있는 것인가? 고민된다.

도를 닦기 위해, 진리를 추구하기 위해 산을 들로 들어가는 수도자들이 있다. 이들은 세상과 담을 쌓고 지내게 된다. 속세에서 벗어나 있으니 마음 놓고 도를 닦으면 된다. 그러나 나는 이런 분들을 그다지 높게 평가하지는 않는다. 나는 속세 속에서 속인들과 함께 뒹굴면서 도를 닦거나 진리를 추구하는 분들을 존경한다. 진정한 도는 세상 속에서 이룰 수 있다고 믿기 때문이다. 세상 밖에서 닦는 도는 결국 세상 밖의 일이라 우리의 세상에는 도움이 되지 않는다. 모든 것을 다 버리고 세상 밖으로 나간 사람들은 수도에만 전념하면 된다. 그러나 세상 속에서 살면서 도를 추구하는 사람들은 해야 할 일들이 부지기수고 다 해내야만 하고 그 틈바구니에서 도를 추구해야 한다. 나는 이들을 존경한다.

그렇다면 나는 어떻게 해야 할까? 이제 결론을 내릴 시간이 됐다. 나는 솔직하게 글을 쓰고 싶다. 그렇게 되면 성수선처럼 써야 될지도 모른다. 만약 시기상으로 적절하지 않다면 나중에라도 써야 할 것 같다. 내가 그것을 기억하는 한, 적어 놓은 메모가 없어지지 않는 한 언젠가는 다 쓰게 될 것이다. 물론 지금도 계속 써나갈 것이다. 이 꼴 저 꼴 개 같은 꼴 당하면서 글을 써나갈 것이다. 'ㅈ'같은 꼴 당하면서 글을 쓸 것이다. 내가 쓴 글로 인해 불이익을 당할지언정 꺾이지는 않을 것이다. 외적으로 누군가 나를 강제할 수는 있어도 내면의 자유를 어찌하지는 못할 것이다. 나는 작가다.

004

강원국 지음 **대통령의 글쓰기**

글을 잘 쓰려면

대통령의 글쓰기

김대중, 노무현 대통령에게 배웠던
사람을 움직이는 글쓰기 비법

생각을 많이 하는 것은 글을 잘 쓰기 위해 반드시 필요한 과정이다.

특히 자신이 써야 할 글이 정해지면

그 글의 주제에 관해 당분간은 흠뻑 빠져 있어야 한다.

…

물론 컴퓨터 앞에 앉자마자 단번에 일필휘지하는 사람도 있다.

부러울 따름이다.

그러나 이런 천재는 많지 않다.

글을 잘 쓰려면 먼저 '글을 잘 쓰려는 욕심'을 버려야 한다. 글에 대해 부담을 갖지 말아야 한다. '글은 그냥 심심풀이 땅콩이다. 못 쓰면 어때?' 라는 뻔뻔함이 있어야 한다. 잘 쓰려고 하는 순간부터 한 글자도 쓰지 못하게 된다. 그냥 대충 쓰면 된다.

책을 많이 읽어야 한다. '읽으면 좋다'가 아니다. '읽어야 한다'다. 많이 집어넣어야 양질의 것을 빼낼 수 있다. 인풋input이 있어야 아웃풋output이 있는 법이다. 따라서 많이 읽어야 한다. 많이 읽다 보면 저절로 글이 쓰고 싶어진다. 결국 독서는 글쓰기로 이어지게 된다. 그래서 글을 잘 쓰려고 노력하기보다는 많은 책을 읽기 위해 노력을 먼저 해야 한다. 독서광들은 글을 잘 쓸 수밖에 없다. 일단 조건이 갖춰졌다. 그러나 글을 잘 쓰려고만 하는 사람은 독서를 해야 하는 부담으로 결국 못 쓰고 만다. 많이 읽다 보면 글은 자연스레 나오게 된다. 나오지 말라고 물 호스를 틀어막아도 물이 비집고 나오는 모습을 상상하면 쉽겠다.

생각을 많이 하면 좋다. 쓰려는 주제에 대해서 골몰하다 보면 글을 잘 쓸 수 있다. 이것저것 생각나는 대로 흘려 두었다가 나중에 펜을 잡고 글을 쓰게 되면 다양하게 글이 써진다. 그러나 나는 글을 쓸 때 생각을 많이 하지 않는 편이다. 약간의 일필휘지 식의 글쓰기를 한다. 그래서 이런 글쓰기는 질이 좋지 못하다. 뭔가 엉켜 있는 느낌이다. 그래도 일단 쓴다. 그리고 일주일 묵혀 둔다. 어쩌면 한 달, 두 달 묵힌다. 나중에 썼던 글을 다시 꺼내 본다. 내가 썼는지 남이 썼는지 기억도 없다. '이글을 내가 썼다고? 언제 썼지?' 이런 의구심이 들면 딱 좋다. 감탄할 수도 있고, 한탄할 수도 있다. 그러면 그때 가서 퇴고한다.

그런데 생각을 많이 하고서 글을 쓰고자 했지만 정작 글은 생각한 대로 써지는 경우는 거의 없다. 이상하게도 그렇다. '글은 뇌가 아닌 손이 쓴다'는 표현이 맞다. '이렇게 써야지'라고 마음먹고 쓰는데, 도중에 결국 다르게 써 버린다. 손이 자동적으로 움직이는 것이다. 글이란 게 이렇다.

요약해 보자.
1. 글에 대해 쫄지 말자.
2. 많이 읽자.
3. 많이 생각하자.

선생님은 수업시간에 학생들에게 강독을 시키셨다. 큰 소리로 읽게 하신 것이다. 일단 소리 내어 읽자 뜻이 파악되었다. 허~ 이럴 수가! 눈으로는 도무지 뭐가 뭔지 모르겠는데, 소리 내어 읽으니까 맥락이랑 의미가 다 잡혔다. 띄어쓰기가 없어도 괜찮았다. 읽다 보면 목소리가 알아서 띄어 읽고 마침표를 찍었다.

낭독은 힘이 대단하다. 잘 모르는 분야의 책을 읽을 때나, 어려운 책을 읽을 때 낭독하면 신기하게도 이해가 되는 경험을 나도 몇 번 했기 때문이다. 고리타분한, 무슨 전공서적 같은, 더군다나 활자 자체가 아주 깨알 같은, 지독히도 묵직하고, 거기에다가 양장을 하여, 이건 마치 태곳적부터 전해 내려오는, 아무도 읽었을 리가 없을 것 같은, 책을 쓴 저자마저도 자기가 뭔 소리를 했는지도 모를 것 같은, 그런 책을 읽을 때 낭독으로 시작해 주면 이상하게 몰입도가 배가된다.

어제 우연히 아들 녀석이 시키지도 않는 한자공부를 하였다. 옆에서 지켜보다가 (누가 보면 늘 그렇게 하는 것처럼 보이지만, 나는 딴 일 하다가 그냥 스쳐 지나가다가 본 일임) 낭독의 한자를 보게 되었다.

朗(음) 낭, 랑
(뜻) 밝다. 유쾌하고 활달하다. 맑게 환하다. 또랑또랑하게. 소리 높이
讀(음) 독
(뜻) 읽다.

즉, 낭독은 소리 높이 읽다, 혹은 또랑또랑하게 읽다, 소리 내어 읽다, 라는 뜻이었다. 나는 朗 자가 그저 '달 밝을 랑' 정도만 알았고, 아들의 이름을 지어 줄 때 이 한자를 써 주었던 것이다. 그저 밝게 살

아라, 그런 뜻이었다. 그런데 알고 봤더니 숨은 뜻이 여러 개였던 것이다. 어쩐지 녀석이 너무도 활달하고, 너무도 유쾌하고, 또랑또랑하고, 소리 높은 이유가 여기에 있었던 같다는 생각이 든다.

낭독은 묵독보다 힘이 세다. 묵독은 눈으로만 읽는다. 하나만 사용한다. 낭독은 눈, 입, 혀, 성대, 귀, 뇌울림까지 사용한다. 덧붙여 모두와 함께 읽을 수 있기도 하다. 다른 건 몰라도 독서로 몰입하게 해 주는 진입 효과에 가장 탁월한 것 같다. 다른 일을 하다가 독서를 하기로 했을 때, 무턱대고 읽으면 잘 안 들어온다. 정신이 모아지지 않았기 때문이다. 그런데, 낭독으로 슬슬 시동을 걸면 어느새 온전히 책에 몰입할 수 있게 되고, 발동이 걸리면 그때서는 묵독으로 전환해 준다. 처음부터 끝까지 낭독을 해 보려고 했지만, 그건 오히려 독이 된다. 힘도 무척이나 들고, 목구멍도 아프고, 내가 지금 책을 읽는 건지 입만 놀리는 건지, 입은 책을 읽고 있지만, 머리는 다른 생각을 하게 되는 경우가 생기게 된다. 따라서 낭독은 독서할 때 첫 발동 거는 용도로 쓰면 아주 제격인 듯하다.

하나 더, 개인적으로 시(詩)는 무조건 낭독해야 된다고 생각한다. 시는 낭독으로 읽어야 제맛이 난다. 열 번 필사하는 것보다도 한 번 낭독을 하는 게 더 나은 거 같다.

책을 전적으로 신뢰하지 마라

똑같은 이야기도 말로 하는 것보다는 글로 적어 놓으면 왠지 더 그럴 듯해 보인다. 더욱이 활자로 인쇄해서 책으로 묶어 놓기까지 하면 사람들은 쉽게 그 내용이 진실이라고 믿어 버리게 된다. 이런 현상을 두고 '활자의 마력'이라고 한다.

왠지 책으로 무언가를 읽게 되면 그게 사실인 것 같아 보인다. 검증이 되었건 안 되었건 간에 출판사를 통해 세상에 떡 하니 나온 이야기를 읽고 있으면 그게 진실같이 느껴지기까지 한다. 책을 써 내는 사람이면 왠지 있어 보이고, 전문가처럼 생각되는 건 나뿐만은 아니리라.

같은 이야기도 그냥 말로 하는 것보다 문자로 하게 되면 더 있어 보이는데, 유시민은 활자의 마력이라고 부른다. 그런데 활자의 마력을 앞으로는 더더욱 조심해야 할 것으로 보인다. 이제 출판하는 일은 예전만큼 어려워지지 않았다. 돈이 조금 있으면 자비출판을 하면 되고, E-Book으로도 얼마든지 누구나 출판할 수 있는 세상이 온 것이다. 예전만큼의 검증이나 교정도 필요 없이 그 어떤 얘기도 출판이 가능한 세상이 온 것이다.

책을 내게 되면 호칭부터 바뀌게 된다. 놈, 자에서 작가님, 선생님으로 된다. 그 책 내용이 쓰레기인지 아닌지 검토는 나중 이야기다. 일단 대접을 받게 된다. 전문가로 인정받게 된다. 우리는 사실 책을 너무 경외하는 문화에 살고 있다. 책에 대해서는 뭔가 거룩하고 훌륭한 느낌을 지울 수 없다. 책 읽는 모습을 가장 아름다운 모습이라고까지 표현하곤 한다.

그러나 책은 말과 같은 거다. 말을 누구나 하듯이 누구나 책을 쓸 수 있으니, 전적으로 책 자체를 칭송하지는 말아야 할 것이다. 세상엔 상상 외로 쓰레기 같은 책이 너무도 많다. 앞으로는 책을 읽을 때는 무작정 저자가 말하는 대로 곧이곧대로 받아들이지 말고, 약간의 비판적인 자세를 취하면서 읽어야 할 것이다. 최소한 저자가 누구인지 파악 정도는 해야 할 것이다. 출판이 난무하는 세상에서 책을 읽는 요령이다.

장부로 태어나 변방에서 무공을 세우지 못할 바에는 만 권의 책을 읽어 불

후의 이름을 남기세.

요즘 사람들은 거의 책을 보지 않는다. 일부 보는 사람들도 있지만, 미디어 시대인 요즘 책보다 더 쉽게 접근할 수 있는 것들이 많아 책은 우리에게서 자연스럽게 멀어진다. 힘들게 일하고 들어와서 소파에 누워 리모컨으로 손가락만 까딱 거리면 수백 개의 채널이 자신의 입맛에 맞춰 방영되고 있으니 뭐 하러 골머리 싸매고 책을 들 것인가. 텔레비전은 누워서도 쉽게 볼 수 있지만, 책은 어디 그런가.

1년에 100권의 책을 읽는 사람들이 있다. 100클럽이다. 3일에 한 권을 독파해야 가능한 수치다. 실로 책 중독자라 할 수 있다. 거의 책을 옆에 끼고 사는 사람들이고, 독서가 유일한 취미생활인 자들이다. 열흘에 한 권 정도 읽으면 준수한 편이다. 이들은 1년에 36권의 책을 읽을 수 있다. 하루에 30분 정도 독서를 하게 되면 누구나 할 수 있는 레벨이다. 사실 한 달에 한 권 읽기도 버거울 때가 많다. 한 달에 한 권 읽어 봐야 일 년에 12권 읽는 꼴밖에 되지 않는다. 그래도 읽는 모습 자체가 아름답다.

문제는 1년에 책 한 권 읽지 않는 자들이다. 이들에게 책은 달나라 이야기일 뿐이고, 책 사는 돈을 제일 아까워한다. 책 선물을 받으면 짜증이 용솟음치기도 하는 부류다. 이들에게는 미디어가 친하다. 영상물로 거의 모든 정보를 흡수한다. 시대가 발전함에 따라 이런 미디어를 통해 정보를 얻는 부류가 늘어나는 것만 같아 안타깝다. 미디어를 통한 정보 습득은 단편적일 수밖에 없기 때문이다. 점점 단순화되고, 점점 표면화되고, 점점 감각적이기 쉽기 때문이다. 느긋하게 책장 하나하나 넘겨 본 적이 없으니 뭐든 서두른다. 1초의 버퍼링도 용서하지 못하게 된다.

독서는 기다릴 줄 아는 지혜를 길러 준다. 또한 생각할 시간을 내어준다. 변방에 나가서 외적을 무찌르지 못할 바에는 만 권의 책을 읽어 후세에 보탬이 될 수 있는 존재가 되어 보는 것은 어떨까. 참 매력적이지 않은가.

실력이 있어야
재미있게 글을 쓸 수 있다

책을 쓰면서 '논의의 깊이'에 관해 참 많이 고민했다. 일단 무조건 쉽고 재미있게 쓰려고 노력했다. 책을 비롯한 모든 문화 콘텐츠는 재미있어야 한다는 것이 내 철학이다. 아무도 읽지 않는 책을 쓸 까닭이 없다. (중략).

사실 쉽고 재미있게 쓸 수 있어야 진짜 실력이 있는 거다. 아무도 못 알아듣게, 어렵게 쓰는 것이 가장 쉽다.

글은 쉽게 읽히고 재미있어야 한다는 게 내 지론이다. 어렵게 쓰인 글은 한마디로 공해다. '있어' 보이게 쓴 글은 패악이다. 왜냐면 요즘 사람들은 어려운 것은 거들떠보지도 않는다. 글 말고도 할 게 얼마나 많은데 어려운 책을 본단 말인가. 재미있어도 다른 것과 게임이 될까 말까 한데 말이다. 영악스러운 요즘 독자들은 대가가 주어지지 않는 이상 절대로 어려운 글을 보지 않는다.

가끔 평론이나 비평글을 읽다 보면 짜증이 솟구친다. 말을 배배 꼬아서 결국은 무슨 말인지 못 알아듣게 만들어 버리기 때문이다. 단어 하나하나 문장 하나하나를 분석해서 읽다 보면 결국 'ㅈ'도 아닌 뜻인데 그렇게 말을 어렵게 하는 것이다. 확 처발라 버리고 싶게 만든다. (이처럼 글은 어느 누구를 죽이고 싶게 만들 수도 있다)

그래서 나는 그런 글을 읽지 않는다. 대신 반면교사로 쉽게 쓰고자 노력한다. 될 수 있으면 단문으로, 될 수 있으면 쉬운 단어로 쓰고자 한다. 물론 짜증이 나거나 독자들을 골려 주고 싶을 때는 나도 평론가들의 글처럼 '고따위'로 써젖힌다. 고약한 나의 심보라 할 수 있겠다.

실력이 있으면 쉽고 재미있게 쓴다. 쉽고 재미있다는 것은 단순하기에 가능한 것이다. 단순은 장황한 논리나 말에 숨지 못한다. 단도직입적으로 쭉 내뻗는다. 그렇기 때문에 실력이 금세 들통난다.

009 독서의 중요성

남낙현 지음 **하루25쪽 독서습관**

25쪽 읽기란, 한 권의 책을 읽을 때 '25쪽을 얇은 한 권의 책'으로 생각하고 독서하는 방법이다. 한 권의 책을 게임하듯 자신이 원하는 만큼 얇게 만들어 읽는 것이다. 여기서 포인트는 한 권의 책을 쪼개어 여러 권의 얇은 책을 만들어 읽는 것이지, 꼭 25쪽 분량으로 쪼개는 데 있지 않다. 자신에게 맞는 페이지 수를 찾아 나가는 게 중요하다.

독서습관이 들지 않는 사람에게 유용한 방법이다. 요즘같이 책 읽기 힘든 시절에 가장 적절한 독서습관들이기 방법이 아닐까 싶다. 습관을 들이는 방법은 '매일 조금씩'하면 된다. 부하가 걸리지 않을 정도의 양을 정해서 매일 하면 된다. 그러면 자연스럽게 몸에 배게 되고 그게 곧 습관이 된다. 이 방법을 독서에 대입해 보면, 매일 조금씩 부하가 걸리지 않은 양, 여기서는 25쪽을 매일 읽어 주면 된다. 그럼 독서가 습관이 된다.

많은 사람들이 독서습관은 좋은 것으로 알고 있다. 취미를 독서라고 하면 왠지 '있어' 보이고, 멋져 보이기까지 한다. 요즘처럼 독서를 하지 않는 시대엔 더더욱 그렇다. 근데 독서가 뭐가 좋기에 독서습관을 들이길 원하는 것일까. 다들 알다시피 독서를 하면 짱구를 굴릴 수밖에 없기 때문이다. 즉, 두뇌훈련에 독서만 한 게 없는 것이다. 머리를 굴리지 않으면 책을 읽어도 통 무슨 뜻인지 모른다. 책을 제대로 읽으려면 짱구를 굴릴 수밖에 없는데, 이렇듯 자주 굴려 주면 똑똑해지고, 창의적인 사람이 되고, 이지적인 사람이 되기 때문에 다들 독서, 독서 하는 것 같다.

근데, 요즘은 좋은 (인터넷)강의가 많다. EBS에서도 좋은 방송을 많이 해 준다. 이럴진대 굳이 뭐 하러 독서를 하겠는가. 그냥 강의 들으면 되고, 방송 보면 되지 않을까? 뭐 하러 골머리 싸매고 책을 읽는단 말인가. 그냥 편하게 누워서 방송 보면 되지. 안 그런가? 강의나 방송을 만드는 작가들은 처음에 텍스트로 시작한다. 텍스트(방송대본, 강의대본)를 짜고, 방송이나 강의로 만들어 연출한다. 강의고 방송이고 그 기본은 텍스트인 것이다. 즉, 독서능력, 집필능력이 있어야 강의도 방송도 가능해지는 것이다. 강의와 방송이 그냥 뚝딱 만들어지는 것이 아니다. 강의와 방송을 만들려면 독서를 기본적으로 할 줄 알아야 대본을 쓸 수 있는 것이다. 그리고 결국 방송도 강의도 나중에는 책으로 출판된다. 방송 청취자, 강의청중들의 소비자 입장도 마찬가지다. 이들도 방송이나 강의를 보고서는 결국 텍스트로 정리를 한다. 노트에 텍스트로 메모를 하는 것이다. 일부 음성녹음을 사용하지만 결국 이도 텍스트로 정리된다. 즉 정보의 이용은 텍스트로 시작해서 텍스트로 끝나는 것이다.

한편, 독서를 통해 정보를 습득하게 되면, 강의나 방송같이 다른 사람에 의해 구현된 것보다 더 큰 감동과 더 많은 정보를 받게 된다. 자신의 머리로 직접 상상한, 구현된 것이 더 원대하고, 재미있기 때문이다. 그리고 모든 강연이든, 방송이든, 영화든, 연극이든 텍스트보다 더 자세하고 정확할 수 없다. 텍스트를 절대로 100% 현실에 구현할 수 없다. 현실에서는 아무리 정삼각형을 그리려고 노력해도 불가능한 것과 같다. 그어 놓은 선을 전자 현미경으로 보면 삐뚤빼뚤하다. 정삼각형은 우리 머릿속에서만 가능한 도형이기 때문이다. 그래서 독서, 독서 하나 보다.

"벨 씨는 손가락으로 곧잘 읽는데, 읽는다기보다는 항상 책을 훑다가 중요한 부분이나 흥미로운 대목을 잘 짚어 내지요."벨과 같은 사상 수집가들에게 어울릴 이 방법을 너무 나쁘게 볼 필요는 없다. 다만 이는 책 읽기의 모든 즐거움을 박탈하고, 그 자리에 사냥의 즐거움을 대신 채워넣는다.

책 읽는 방법에 관한 책들을 보면, 프랑스 작가들은 줄 곧 '완독緩讀'을 외친다. 천천히 읽어야 책 읽는 맛을 느낄 수 있다는 얘기다. 이는 프랑스인들이 식사시간을 몇 시간씩 가지면서 먹는 것과도 같은 걸까. 그들은 천천히 음미하면서 먹고, 읽는 걸 좋아하는 것 같다.

근데, 내 생각은 좀 다르다. 책은 우선적으로 빨리 읽는 것이 좋다. 빨리 읽는 것을 기본으로 한 뒤에 천천히 읽어도 무방하다. 하루에만 쏟아지는 책이 수십 권에서 수백 권이다. 그리고 과거에도 수많은 책들이 쏟아져 나와 있는 상태다. 이런 상태에서 무조건 천천히 읽기만으로 어떤 책이 좋고 그른지를 판단할 수 있겠는가. 천천히 읽고 나서 '음~ 이 책은 그다지 도움이 되지 않았군!'이라고 말할 것인가.

책을 빨리 읽으려고 노력하다 보면, 혹은 사상 수집가처럼 책을 훑다가 중요 부분이나 흥미로운 대목을 만나게 되면, 하지 말라고 해도 자연적으로 '천천히' 읽을 수밖에 없다. 책 읽는 데 처음부터 힘을 빼주고서 읽을 필요가 없다. 처음부터 그렇게 읽으면 지쳐 나가떨어진다. 흥미로운 부분을 찾아 후루룩 책을 뒤지다가 이 책이다 싶은 책이 나온다. 그러면 그 책을 천천히 음미하면 된다. 그리고 특정 부분만 정독해도 된다. 책을 뭐 하러 처음부터 끝까지 천천히 읽는단 말인가. 그리도 할 짓이 없는가.

좀 더 얘기해 보자. 모르는 분야의 책과 관심 없는 분야의 책도 읽는 것이 좋다. 다양하게 독서 경험하는 것은 굳이 말해도 좋다는 걸 알고 있지 않은가. 근데, 천천히 읽는 방식으로는 절대로 이를 해결하지 못한다. 흥미도 없고, 잘 모르는 분야를 천천히 읽는다고 해서 그 뜻을 제대로 이해할 수 없기 때문이다. 대신 훑어보면 훨씬 접근성이 좋아진다. 훑다 보면 눈에 띄는 부분이 있다. 그 부분부터 차츰차츰 읽어나가다 보면, 잘 모르던 분야인 줄 알았는데, 그다지 어려운 내용이 아닌 것을 알게 되어 술술 읽히게 되기도 하고, 흥미를 일으키기도 한다. 그리고 그러다 지치면 안 읽으면 그만이고. 다른 책 후루룩 훑다가 그 책 지치면 다시 찾으면 되는 것이고.

프랑스 사람들은 밥을 천천히 먹는다. 점심시간을 2시간 잡고 밥을 먹는다고 한다. 우리 문화엔 맞지 않는 식습관이다. 우리는 10분에서 20분이 적당하다. 너무 오래 있으면 지친다. 천천히 맛볼 음식은 따로 있다. 매일 그렇게 먹을 수는 없다. 대충 훑어서 먹다가 '어~ 이거 맛 좋은데, 나중에 가족이랑 와서 찬찬히 음미하면서 먹어야겠다' 라고 하면 되는 것이다.

책을 처음부터 끝까지 읽어 갈 필요도 없다. 소설도 마찬가지다. 마음에 드는 소제목부터 읽어도 된다. 읽다 보면 앞부분이 궁금해지면 앞부터 다시 읽으면 된다. 이것도 저것도 싫으면 책을 거꾸로 놓고 읽어도 재미지다.

011

적어도 500권

레나타 살레츨 지음, 박광호 역 선택이라는 이데올로기

1972년에서 2000년 사이 미국에서는 자기 계발서가 엄청나게 증가했다. 이 기간에 33퍼센트에서 50퍼센트가량의 미국인이 자기 계발서를 구입했다. 이 산업은 특히 20세기 말에 빠르게 성장했다.

자기 계발서와 관련해 결정적인 점은, 분명히 효과가 없다는 것이다. 그것을 갈구하는 독자들이 엄청나게 많음에도 불구하고 자기 계발서는 더 행복하고 정신적으로 더 건강한 사회를 만들어 내지 못했다. (중략) 자기 계발서는 보통 사람들이 갖고 있는 셀 수 없이 많은 결점들과 부족함에 관심을 집중시켰고 늘 자기 결함에 노심초사하도록 만들었다. 그래서 우리는 늘 자기 계발을 추구한다.

자기 계발서의 가장 큰 문제점은 독자들이 '실행'하지 않는 데 있다. 어떤 자기 계발서이든 다 좋은 내용만 있다. 책을 쓴 작가들이 얼마나 심사숙고해서 엑기스만 뽑아다가 만들었겠는가. 이러면 좋다. 저러면 좋다. 좋은 것을 공유하고 싶은 마음에서 책을 썼을 것이다. 자신이 쓴 책으로 인하여 단 한 명이라도 삶의 태도를 긍정적으로 바꿀 수만 있다면 그만한 보람도 없을 것이다. 그런데 문제는 책을 읽는 것까지는 좋았는데 그게 실천이 되지 못한다는 점이다.

사람이 바뀌려면 같은 말은 700번 반복해서 들어야 한다는 말이 있다. '아침에 일찍 일어나라'를 700번 말해 줘야 일찍 일어날 수 있기 시작한다는 것이다. 그런데 이것은 뭔가를 억지로 시킬 때의 얘기고, 자발적으로 감동해서 본인 스스로 행동을 변화시키려는 마음이 있으면 그 횟수는 좀 줄으리라. 하지만, 그것도 작심삼일로 끝나는 일이 허다하다. 그래서 자기 계발서가 효과가 없다는 이야기가 나오고 있는 것이다. 자기 계발서의 끝은 책을 다 읽고 덮는 데 있는 것이 아니라 실천에 있기 때문이다.

이렇듯 감동해서 실천하기로 마음먹었는데도 작심삼일로 끝나니 얼마나 허무한가. 하지만 여기엔 책 한 번 읽고서 많은 변화를 꿈꾸는 도둑놈 심보가 숨어 있다. 앞서 행동의 변화를 위해서 700번 반복해야 된다는 말이 있듯이 자기 계발서를 계속 읽어 줘야 한다. 작심삼일 작전으로 삼 일이 지난 후에 다시 반복해서 읽는 것이다. 시들 만해지면 다시 읽고 다시 의기를 다지는 것이다. 근데, 사실 나도 이 래 봤는데 두 번째 읽을 때는 감동이 덜해진다. 문학은 두 번째 읽을 때 또 다른 감동을 받는데, 자기 계발서는 오히려 감동이 떨어지는 것을 경험했다. 여기에서 자기 계발서의 한계를 보게 된다.

그래서 자기 계발서로 몸과 마음을 바꾸기 위해서는 여러 책을 읽 어야 한다. 한 권을 반복해서 읽는 것이 아니라 비슷한 내용의 책을 두루 읽는 방법이다. 작가 이지성의 경우 500권에서 700권 정도 읽 으니까 정신적 변화가 생겼고, 1천 권 정도 읽으니까 사고방식이 완 전히 바뀔 수 있었다고 회고했다. 그러니까 적어도 최소한 500권 정 도 읽어 줘야 변화하기 시작된다는 의미다. 변하고 싶은가 그러면 책 을 많이 읽어라. 최소한 500권이다. 그래야 변화의 시동을 걸 수 있 다. 한두 권 읽고서 너무 많은 것을 바라지는 말자.

다 때려치우고 한 일 년 쉬면서 공부하기로 했다. 난 결정을 아주 빠르고 과감하게 한다. 아주 소심하지만 결정 하나 잘 내리는 걸로 이제까지 버텼다. 그렇지 않아도 글을 쓰다 보면 생각이 자꾸 쥐어짠다는 느낌에 너무 괴로웠다. 하고 싶은 이야기, 나누고 싶은 생각이 샘물처럼 차고 넘쳐야 글 쓰는 게 재미있는 거다.

다행히 외로우면 글이 참 잘 써진다. 너무 외로운데, 누구에게라도 이야기를 하고 싶은데, 아무도 없으니 원고지에 끝이 없는 이야기를 하는 거다. 신기하게도 그토록 쥐어짜내야 했던 글이 그냥 술술 나온다.

나 또한 이런 경험을 해 봤다. 예전 신입사원 때 신규 농장을 짓는 곳에 투입이 되었다. 아무것도 모르는 내가 할 수 있는 일은 인부들에게 커피 타 주고, 쓰레기 줍고, 밥 시켜 주고, 밤에 도둑 드나 안 드나 감시하는 게 전부였다. 잠은 컨테이너에서 잤다. 인터넷도 안 되고, 당시엔 스마트폰도 없어서 밤이 굉장히 길었다. 그때만 해도 책 읽기를 하지 않았던 시절이라 정말 할 수 있는 게 아무것도 없었다.

혼자 술 마시는 것도 하루 이틀이지 계속할 수 없었다. 뭐 하지 뭐 하지? 가만 보니 나는 글을 쓰고 있었다. 무협지도 썼고, 시도 썼고, 수필도 썼던 걸로 기억한다. 그때 난 느꼈다. '아, 인간이란 심심함을 정말 못 참는 동물이구나. 그리고 정말 아무것도 할 게 없는 곳에서 인간은 작가가 되는구나.'

물론 그것이 나만의 이야기일지도 모르겠다. 그렇지만, 당시 내가 책을 많이 읽었던 것도 아니요, 시를 좋아하는 것도 아니요, 무협지는 고작해야 『묵향』 정도만 읽었을 뿐인데, 글을 쓰고 있다니, 사실 놀라웠다. 당시 썼던 원고를 꺼내 보면 놀랍다. 어떻게 이런 상상을 했을까. 내가 아닌 것 같은 생각이 든다.

글을 전업으로 하는 사람들이 종종 마감시간을 채우기 위해 값비싼 호텔로 들어간다고 들었다. 즉, 혼자만의 시간을 확보하러 들어간 것이리라. 홀로 있게 되면 글이 자동적으로 써지게 된다. 최대한 심심하게 만들면 금상첨화다. 정말 아무것도 할 수 없는 상황에서 펜과 종이만 있다면 인간은 누구나 작가가 될 것이다.

그러니 요즘같이 할 거 많은 세상에서는 점점 작가가 되기 어려운 환경에 놓이게 된다. 손 안의 컴퓨터인 스마트폰이 생긴 이후로 인간에게 도무지 심심할 틈이 주어지지 않는다. 심심해야 상상력도 느는데. 심심해야 생각할 시간이 생기는 건데. 이놈의 스마트폰이 화장실까지 쫓아오니 화장실에서의 공상과 상상은 없어져 버린 지 오래다. 이게 다 스티브 좁스 덕분이 아닌가. 스티브 잡스는 우리에게서 공상할 수 있는 시간을 앗아가 버렸다.

과거 조상에 비해 우리는 이런 면에서 불행한 삶을 살고 있을지도 모른다. 마지막으로 달을 본 게 언제인가? 달을 보며 토끼가 절구질하는 것을 상상했던 게 언제인가?

013

이길용 지음 **이야기 세계종교**

기록은 영생불멸

세익스피어(1564~1616)를 보라. 그는 450여 년 전에 활동했던 사람이다. 하지만 세월의 흐름에도 그가 남긴 문자와 그 안에 담긴 의미는 여전히 우리에게 유효하지 않은가. 이렇게 보면 문자야말로 '문명의 타임캡슐'이다. 인간의 생물학적 수명은 한계가 있지만, 문자를 이용하면 몸이 담아냈던 사유체제를 거의 무한정 살아남게 할 수 있기 때문이다. 문자는 이렇게 인간이 시간의 한계를 넘도록 도와준다.

옛날 사람들이고 지금 사람들이고, 영생불사를 꿈꾼다. 그러나 인간은 태어났으면 죽는다. 그렇게 해서 인간은 영원히 살아남고자 기록하였다. 이 기록이라는 것은 여러 의미를 포괄하고 있다. 시, 소설, 음악, 미술을 아우른다. 자신을 표현하고자 하는 욕망 속에는 영원히 살고자 하는 속내도 들어 있다. 자신은 죽어도 자신의 작품은 영원히 살아남을 것을 기대한다. 그리하여 많은 작가들이 자신의 작품에 대해 '자식'이라는 표현을 쓰지 않던가. 우리가 자식을 낳아서 기르는 이유도 영원히 자신의 유전자가 대대손손 이어져서 자신이 영원히 살고자 하는 것과 같다고 할 수 있다.

예전에야 문자가 다수였지만 요즘은 세상이 많이 변했다. 동영상, 음성이란 것을 사용할 수 있게 되었다. 즉 꼭 문자만으로 영생불사의 꿈을 이루는 게 아니다. 수많은 이들이 유튜브에 자신이 찍은 동영상을 올리고, 자신을 찍고, 말하는 것이 모두 과거 선인들이 문자를 써서 책으로 남긴 것과 유사하다고 볼 수 있다. 물론 이것은 개개인의 취향적인 문제라 사람마다 다르다. 나의 경우는 동영상을 남기는 것보다는 예전 방식인 글을 써서 책으로 남기는 방식을 택하고 있다. 나 또한 마찬가지다 영생불멸하기 위해서 책을 쓴다.

사람은 죽어서 이름을 남긴다, 라는 말이 있다. 이 말 속에는 영생불사의 의미가 내포되어 있음을 알 수 있다. 그리하여 역사적 인물들은 그 당시를 살아 내면서도 후손들에게 자신이 어떻게 비칠지를 고민했다. 지금의 내 행동이 역사적인 사건이 될 것인데, 과연 후손들에게 면목이 있을까? 없을까? 고민했을 것이다. 나는 죽지만 내 이름은 남을 것이니 말과 행동을 잘해야겠다고 느꼈을 것이다. 물론 대다수의 범부들은 이런 생각조차 하지 못하고 살다가 간다. 또한 역사적 인물이 되겠다고 노력한다 해도 꼭 그렇게 되리라는 보장도 없다. 어느 정도 타고나야 한다.

하지만 내가 역사적 인물이 아니더라도 마치 역사적 인물이 될 것 같은 기분으로 산다면 많은 것을 얻을 수 있다. 후손들 눈이 무서워 함부로 행동하지 않게 되는 것이다. 자기 검열의 수단이 생기게 된다. 자연스레 올바르고 현명한 선택을 할 가능성이 높아진다. 그렇게 하다 보면 정말 역사적 인물이 되어 대대손손 이름을 남길 수 있게 된다.

얼마 전부터 4학년 아들녀석이 유튜브에 종이접기 방송을 하기 시작했다. 자신의 종이 접는 것을 찍어서 하나씩 올리고 있는 것이다. 누군가에게 표현하는 거, 알리고 싶은 거, 이런 것은 인간의 본성이다. 그래서 한편으로 좀 무섭다. 함부로 자신을 기록하지 말아야겠다는 생각도 든다. 잘못 인터넷 세상에 자료를 올려 영영대대 기록이 삭제되지 않고 떠돌까 두렵다. 예를 들어, 누군가의 글에 악플을 다는 것, 누군가를 험담하는 것 등등을 댈 수 있겠다. 따라서 기록이라는 것은 장점이 될 수도 있지만, 그게 자신에게 악영향을 끼칠 수도 있음을 명심해야 한다.

분명히 셰익스피어도 영원히 살고 싶었을 것이다. 현시대뿐만 아니라 후손들이 자신의 글을 읽고 감동을 느끼기를 원했을 것이다. 그런 포부 없이 좋은 작품이 나올 리 만무하다. 현시대를 사는 것도 좋지만, 자신이 남긴 기록들이 후손들에게도 어떤 영향을 미칠지에 대해서 심각히 고민해 봐야 할 것이다. 단지 유행을 타는 건 아닌지, 이것이 후손들에게도 먹힐지 고민 한번 해 보자.

014
문화 수출

정철 지음 당신이 쓰는 모든 글이 카피다 카피책

나는 열 권 가까이 책을 썼습니다. 하지만 미국이든 일본이든 과테말라든 우리나라 밖에서 번역 출간된 책은 단 한 권도 없었습니다. 그러다 최근 한 중국 출판사와 〈내 머리 사용법〉 중국어판 계약을 했습니다. 처음으로 문화 수출을 하는 셈입니다.

나는 꿈이 있다. 내 책이 중국에 진출하는 꿈이다. 그리고 더 나아가 세계로 진출하는 꿈이다. 문화 수출이다. 외화를 벌어들이고, 애국하는 길이다. 내 꿈이 애국과 결부되다니 이채롭다. 특히나 나는 나의 책이 일본과 중국에 진출했으면 좋겠다. 일본에서는 많은 책들이 유입되고 있다. 우리의 역량도 많이 높아졌다. 이젠 우리가 수출할 차례다. 중국은 시장이 크다. 13억 인구를 무시할 수 없다. 중국을 진출하여 베스트셀러가 되면 돈방석에 앉게 된다. 아이돌 그룹 엑소가 중국에 진출하여 외화를 벌어들이고 있는 것과 마찬가지로 나도 내 책으로 외화를 벌어들이고 싶다.

책을 쓰면서 꿈이 다시 생겼다. 베스트셀러 작가가 되는 것이다. 될지 안 될지는 잘 모르겠다. 신께서 허락하신다면 되겠지만, 허락하지 않으신다면 그대로 따르고자 한다. 책 쓰는 사람으로서 꿈이 베스트셀러 작가가 아닌 사람이 몇이나 되겠는가. 그게 꿈이 아니라고 하는 사람은 없을 것이다. 혹 있다면 그는 가식덩어리일 터.

산술적으로 계산하곤 한다. 좀 없어 보이지만 그래도 하련다. 내가 원래 그런 놈이다. 한국에서 1만 권 판매를 하는 작가가 있다면, 한국의 인구는 5천만이니, 5천만 중에 1만 권 작가인 셈이다. 이를 중국에 대비해 보자. 중국 인구는 13억이다. 우리나라 인구의 26배다. 고로 한국의 1만 권 작가는 중국으로 진출하게 되면 26만 권 작가가 되는 셈이다. 인세 권 당 1,000원을 잡으면 2억 6천만 원의 작가가 되는 것이다. 고객이 있다는 건 이렇게 즐거운 거다.

어느덧 나도 벌써 몇 권의 책을 낸 작가가 되었다. 참으로 생뚱맞다. 내가 작가가 되다니. 신기할 따름이다

나의 동창생들이 알면 어떤 반응을 보일까? 나의 아버지께서 알면? 어머니께서 알면? 동생이 알면 어떤 반응을 보일까? 나는 아무에게도 내가 책을 냈다는 얘기를 한 적이 없다. 나와 관계되는 그 어떤 사람에게도 내가 책을 냈다는 얘기를 하지 않았다. 그래서 그런지 책을 낸 지 근 1년이 다 되어 가는데도 그 어떤 누구도 내가 책을 낸 지 모르고 있다. 정말 내 주위에는 책에 대해서 다들 관심이 없나 보다. 책에 관심이 있는 사람이라면 벌써 알았을 텐데. 한번 지켜볼 셈이다. 과연 누가 제일 먼저 알아볼 것인지. 자못 궁금하다.

나는 공격하고 싶었다. 우리나라를 침범해서 식민지로 만든 일본을 공격하고 싶었다. 중국도 마찬가지다. 우리를 왕의 나라로 깎아내려 자신들의 부속 국가로 만든 중국을 공격하고 싶었다. 이대로 당하고만 있고 싶지 않았다. 그래서 내가 택한 방법은 책이었다. 내 책이 일본과 중국에 진출한다면, 나는 그것을 공격이라고 생각하고 있었다. 우리의 당한 역사에 대한 보복이 필요했다. 그러나 생각을 고쳐

먹었다. 공격보다는 문화수출이라는 고급 단어가 쓰고 싶어졌다. 무
력으로 당한 것을 문화로 앙갚음해 주고 싶었다. 그게 이 시대를 살
아가는 한국인으로서 내가 할 수 있는 일이라 생각한다.

015
대니얼 플린 지음, 윤태준 역 공부해서 남 주다

매일 글을 써야 한다

에릭 호퍼는 『맹신자들』을 출판하기 5년 전에 다음과 같이 기록했다.

"정신적, 육체적으로 건강해지려면 매일 일정 분량의 글을 써야 한다는 것을 깨달았다. 그래야만 하는 근본적인 이유를 찾는 것은 중요하지 않다. 이것은 그저 사실이며 충분히 고려되어야 할 일이다."

에릭 호퍼는 '길 위의 철학자'라는 별칭으로 유명하다. 어머니가 계단에서 미끄러지면서 사망했고, 안고 있던 호퍼는 실명을 하게 되었다. 그러다가 기적적으로 15살에 시력을 회복하고 다시 시력을 잃을까 봐 미친 듯이 책을 읽었다고 한다. 그런데 그는 왜 평생 떠돌아 다니며 막노동꾼으로 일을 했을까? 그렇게 어릴 적부터 책을 미친 듯이 읽었다면서? 1920년에 아버지가 세상을 떠나면서 홀로 힘들게 살게된 것이다. 에릭은 1902년생이었다.

그는 떠돌이 부두 노동자로 평생 홀로 살았다. 일이 끝나면 남는시간은 독서와 집필에 몰두했다. 그의 첫 책『맹신자들은』1951년에출판하게 된다. 그간 읽고 사색한 결과가 나온 것이다. 그 책을 아이젠하워는 아껴 가며 읽었고, 그 덕에 에릭 호퍼는 유명인사가 된다.

양계장에 일하는 나로서는 에릭 호퍼가 매력적으로 다가온 것이사실이다. 힘들게 육체노동을 하면서 남는 시간에 책을 읽고 사색을통해 글을 써서 유명해졌다. 인생역전이란 이런 것 아니겠는가. 그렇지만 에릭에게는 책 읽고 쓸 시간이 많았던 것 같다. 그가 말한 것을보면 알 수 있다.

"일주일에 평균 40달러를 받았는데 그 정도면 먹고살기에 충분했다. 실제로 일한 시간은 주당 20시간에 불과했다. 완전히 거저먹

기었고 아주 만족스러웠다." (같은 책 36쪽)

에릭 호퍼는 평생 혼자 살았다. 부양할 가족이 없었던 것이다. 그러므로 많은 돈이 필요하지 않았다. 나는 가족을 거느렸다. 고로 에릭 호퍼보다는 많은 돈이 필요하다. 또한 그는 주당 20시간밖에 일하지 않았다. 그러나 나는 주당 72시간을 일한다. 일하고 돌아오면 파김치가 되어 책 읽기도 벅차다. 고로 내가 더 악조건 속에서 책 읽고, 글을 쓴다고 생각하니 '나는 내가 참 대견스럽다'. 에릭이 물론 훌륭한 글을 썼기에 성공한 것이겠지만, 그도 귀인을 만났다. 아이젠하워가 그의 책을 추천하고 돌아다녔기에 더 쉽게 성공할 수 있었던 것이다. 그러나 나에게는 아직 귀인이 오지 않았다. 고로 나의 상황은 에릭 호퍼보다 더 악조건이다. 나는 이게 감사하다.

사실 나는 이 꼭지글을 쓰려고 했을 때만 해도 '매일 글을 쓰는 것'에 대해 쓰고자 했다. 그런데 에릭 호퍼와 나의 삶을 비교하게 되는 글을 쓰고 말았다. 처음 생각과 완전히 다른 방향으로 글이 씌여진 것이라 대략난감하다. 그렇다고 쓴 글을 지우고 싶은 마음도 없다. 그렇다면 제목을 고치면 되는데, 인용한 구절이 너무도 마음에 드는지라 그러고 싶지도 않다. 그래서 다시금 짧막하게 본론으로 들어가고자 한다.

글을 쓴다는 것은 참으로 인간다운 행동이다. 매력적이다. 모든 인간이라고 해서 다 글을 쓰는 것이 아니라 더욱 매력적이다. 글은 쌓인다. 한 줄이라고 쓰면 쌓인다. 말은 사라지지만 글은 계속 쌓인다. 나는 그 점이 좋다. 저축되는 느낌이랄까. 추억을 잡기 위해 사진을 찍는 행위와 같다고 할까. 내 머릿속에서 사유되는 것들을 사진으로 박는 행위라고 할 수 있겠다. 사진 찍기를 즐기는 사람들은 이 말이 무슨 뜻인지 잘 알 것이다. 글을 쓰게 되면 머릿속이 깨끗해지는 느낌이다. 개인적으로 글쓰기야말로 인간으로서 가장 가치 있는 것이라 생각하고 있다. 말처럼 흩어 없어지는 것이 아니라 저장되는 습성이라 더 좋다. 시간이 갈수록 더욱더 많이 쌓이게 된다.

에릭 호퍼는, 글쓰기는 사람을 정신적으로, 육체적으로 건강하게 만들어 준다고 했다. 절대 동의한다. 글쓰기엔 힘이 있다. 바로 치유의 힘이다. 상처를 치유해 준다. 자신의 정체성을 찾아 준다. 독립시켜 준다. 홀로 설 수 있게 된다. 자신감이 생긴다. 현실에서 봐 온 온당치 못한 것들에 대해 심판을 내려 준다. 떠돌이 부두 노동자라면 더욱더 자신만의 소리를 낼 수 있게 된다. 어디에 소속되지 않았기에 마구 떠들 수 있다. 그러한 면에서 정규직인 나는 함부로 떠들기가 많이 부담스럽다. 작가로서 치명적이다. 차라리 에릭 호퍼처럼 떠돌이였더라면 아마도 내 속말을 100% 다 까발길 수 있었을 것이다. 결국 결론은 또 에릭 호퍼와 내 삶을 비교하는 글로 마치게 되었다. 그렇다고 제목을 다시 바꾸고 싶지는 않다.

둔감력 The Power of Insensitivity

鈍感

와타나베 준이치

일본 열도를 강타한 둔감력 열풍

섭섭하게, 그러나
아주 이별이지는 않게

안희연 지음

나는
더 이상
착하게만
살지
않기로
했다

탈무드
Talmud

근사록

나에게 남겨진
生이 3일밖에 없다면

이중섭

아이가
열살이 넘으면
하지말아야할말
해야할말

버텨낼
권리

미움받을 용기

근성

같은 운명,
다른 태도

내인생
후회되는
한가지

사춘기 통증

2부
관계에 대하여

016

와타나베 준이치 지음 **둔감력**

둔감하라

나는 그 선배가 교수에게 야단맞을 때마다 불쌍한 생각이 들어 은근히 동정했다. 그런데 언젠가 그 S선배가 교수에게 야단맞을 때마다 인상적인 대답을 한다는 걸 알게 되었다.

그 상황은 지금도 확실하게 기억난다. 그 선배는 교수의 질책이 떨어지기 무섭게 "예, 예.", "예, 예."하고 가볍게 두 번을 반복해서 대답하곤 했다.

사람은 예민해서 미간에 川(내 천) 자를 그려 가며 사는 것보다 좀 무던한 편이 좋다. 좋다고 깔깔깔 거리는 것보다 조금은 미련 맞을 정도로 무덤덤한 것이 세상 사는 게 더 낫다는 말이다. 슬프면 슬픈 대로 힘들어하고, 기쁘면 기쁜 대로 획가닥거리다 보면 인생에 금세 지치기 때문이다. 인생은 길다. 하나하나에 일비일희하면 자기만 손해지, 변하는 것은 없다.

기쁠 때야 기뻐하면 그걸로 큰 문제가 생기지는 않지만, 힘들 때나 억울할 때나 시련이 닥칠 때가 문제다. 무던한 사람은 그냥 시간의 흐름에 맡겨 버리면서 은인자중하지만, 예민한 사람들은 자살 같은 극단의 결론을 내리는 경우도 왕왕 있다. 같은 상황 속에서도 받아들이는 정도가 다르기 때문이다.

한 집안에 태어나서 자란 남매가 있었다. 집안 환경은 아이들이 자라기에 좋지 않은 환경이었다. 그런 분위기에서 자라게 되면 비행 청소년이 될 확률이 높았다. 이렇게 같은 환경에서 자란 남매는 어떻게 되었을까? 오빠는 자신의 삶에 대해서 비관하여 못된 길로 접어들었으나, 동생은 그렇지 않았다. 오빠는 자신의 환경을 예민하게 받아들인 것이고, 동생은 둔감하게 반응했던 차이다.

같은 고난이 닥쳐도 어떻게 받아들이느냐에 따라 결과가 달라질 수 있는 것이다. 가물어도 모든 채소가 타 버리지는 않는다. 그래도 살아남는 것들이 있다. 조류독감(AI)이 돌아도 버텨 내는 닭들이 있고, 메르스가 돌아도 살아남는 사람들이 있는 것이다.

둔감력이야 타고 나는 면이 강하지만, 살면서 자신을 단련시킬 수 있는 부분이다. 그냥 맥 놓고 포기할 필요는 없다. 본인 스스로 예민하다고 생각되면 좀 둔감해지려고 노력하면 된다. '본래부터 생겨먹은 게 이래서 난 못해.'라고 하면 영영 못하는 것이고, '그래 나도 한번 조금만 덜 예민해져 보자'라고 생각하면 그렇게 할 수 있는 것이다.

나 또한 엄청나게 예민했었다. 청소년 시절엔 엄청나게 예민했던 것 같다. 가족들이 나로 인해 불편해할 정도였다. 지금도 동생은 그때 당시를 떠올리며 나를 놀려대는 것을 보니 나도 꽤나 한 예민했었나 보다. 그러나 지금은 그렇지 않다. 나이가 들어서 둔감해진 것도 있지만, 예민하게 사는 게 피곤하다는 것을 깨달으면서 조금씩 변한 것 같다.

예민한 사람들은 피곤하다. 잠도 잘 못 잔다. 그러니 더 예민해진다. 악순환이다. 세상을 다 신경 쓰며 살려니까 예민해지는 거다. 다 가지려고 하니까 예민해지는 거다. 다 알려고 하니까 예민해지는 거다. 조금은 놔 주고, 조금은 포기하면서 예민성을 조금씩 내려놓다 보면 둔감해질 수 있다. 왜 둔감해지려고 하는가? 그게 편하기 때문이다. 고통을 이겨낼 수 있기 때문이다.

요즘 나를 괴롭히는 상사가 생겼다. 어느 날 갑자기 내 위로 날아왔다. 꽤나 거친 싸움꾼이었다. 유약한 나로서는 그가 버거웠고, 쌈닭인 그에게 나는 얼마나 마음에 차지 않았을까. 삐거덕 거렸다. 그는 자꾸만 나를 자극했다. 비인격적인 대우도 서슴지 않았다. 내가 이런 대우를 받으면서 돈을 벌어야 하는지 고민이 생겼고, 급기야는 사표까지 생각하게 되었다. 마지막이란 심정으로 다시금 와타나베 준이치의 『둔감력』을 꺼내들었다. '그래 둔감해지자. 내가 조금만 둔감해지면 다 버텨낼 수 있는 것이다. 내가 굳이 그에게 100% 맞추려고 노력할 필요도 없다. 그냥 둔감하게 반응해도 되지 않겠느냐.' 라는 깨달음도 얻었다. 그가 욕을 해도 '예, 예.' 하며 피해 가면 되고, 그가 나를 때려도 '예, 예.' 하며 돌아가면 되고, 그가 매주 성당에 나가는 나를 비난해도 '예, 예.' 하면서 지나치면 되는 것이었다.

이제 같이 일한 지 한 달이 조금 넘는데, 그래도 조금씩 좋아지고 있다. 나도 그를 파악했고, 그도 나를 파악할 시간이 필요했던 것이리라. 그의 사람을 피폐하게 만드는 발언에 밤새 속 끓이며 고민할 필요가 없어졌다. 그냥 둔감하게 흘려 버리면 그만인 것을. 아무리 모진 고통이 와도 내가 어떻게 반응하는가에 따라 결과는 달라질 수있는 것이다.

『죽음의 수용소에서』를 쓴 빅터 프랭클 박사는 1905년 오스트리아 빈에서 출생했다. 그는 제2차 세계대전 당시 3년 동안 아우슈비츠에서 수용되었다. 생사를 알 수 없는 극심한 고통 속에서 버텨 내어 그는 결국 살아남을 수 있었다.

'그 어떠한 고통이 오더라도 나의 허락 없이는 그 어떤 것도 나에게 고통을 줄 수 없다'라는 유명한 말을 남겼다. 새겨 들어야 할 말이다.

사랑하는 사람이 언제 떠날지 모른다
지금 사랑하자

결혼을 몇 달 앞둔 26세의 너무나 아름답고 사랑스러운 아가씨가 정토마을에 찾아왔다. 애인의 손을 잡고 아버지와 함께 이곳에 온 그녀. 며칠 전친구랑 회를 먹고 급체한 것 같아 병원에 갔다가 급성 위암 말기라는 진단에, 그것도 생존 기간이 불과 2개월밖에 남지 않았다는 선고를 받았다.

우리는 언제 죽을지 모른다. 태어나기는 순서가 있어도 가는 날은 순서가 없다. 내가 먼저 갈 수도 있고, 네가 먼저 갈 수도 있는 것이다. 적어도 한 50년은 더 살 것 같지만, 사실 내일 출근길에 죽을지, 모레 마트 가는 길에 죽을지 모를 일이다. 우리는 마치 오래도록 살 것처럼 착각하며 살고 있는 것이다. 그러다 보니 사랑하는 사람에게 소홀하게 대할 때가 많다.

어느 날 갑자기 죽음이 찾아오면 어떡하지? 만약 아내가 갑자기 죽으면 나는 어떡하지? 라고 생각하니 가슴이 덜컹했다. 정말 못 살 것만 같은 것이었다. 아이는 어찌 홀로 키울 수 있으며, 아내 없이 홀아비로 어찌 살아가겠는가 싶은 거다. 이런 상상은 하기도 싫다. 허나 우리 주위를 보면 이미 이런 일을 당했거나, 현재 진행 중인 사람들도 있다. 그들에게 뭐라고 위로의 말을 건넬지. 남의 일이지만 남 일 같지 않음에 숙연해진다.

아이가 어릴 때 아내에게서 전화가 왔었다. 장인어른이 위급하다는 전화였다. 아니 이게 무슨 소리인가. 어르신이 교통사고를 당해서 사경을 헤맨다는 소리였다. 가슴이 덜컹했다. 결국 장인을 하늘나라에 모셔 드렸다.

장례식을 치르고 나중에 아내는 말했다. 장인이 돌아가시던 날 전화가 왔는데, "이따가 전화해!"라며 아내가 퉁명스럽게 전화를 끊었다는 것이다. 그게 장인과의 마지막 전화였다면서 아내는 오열을 터뜨렸다. 그래서 아내는 그 후로 절대로 전화를 끊을 때 퉁명스럽게, 쌀쌀맞게, 싸우면서 끊지 못한다고 했다. 그게 마지막 전화일 수 있으니까. 그러면 정말 너무 힘들어지니까. 아내는 아직도 장인어른에게 미안한 짐을 지고 있다.

아침에 출근할 때 오늘이 마지막이 될 수 있음을 안다. 밥을 짓는 모습의 아내를 보면서 이게 마지막 그녀의 모습일 수도 있음을 안다. 같이 먹는 밥상이 마지막이 될 수 있음을 안다. 한 이불을 덮고 도란 도란 얘기 나누는 일이 마지막이 될 수 있음도 잘 알고 있다. 그래서 매일 매 순간 감사하는 마음이 절로 생긴다. 오늘 이런 기회를 허락 해주신 하느님 감사합니다. 뭘 해도 감사합니다. 감사합니다가 입에 붙어 다닌다. 그저 감사할 따름이다.

사랑하는 것은 후회 없이 해야 한다. 그래야 처연해지지 않는다. 죄책감이 들지 않는다. 미운 감정을 가진 상태에서 생의 이별을 맞게 되면 그 충격은 너무나도 크게 된다. 남은 사람의 가슴에 큰 바윗덩 어리를 올려놓은 것과 같다. 그것이 내가 될지 네가 될지 모를 일이다. 내일 죽어도 편히 죽을 수 있게 충분히 충분히 사랑해야 할 것이다. 지금도 간절히 바라는 것이 있다면 우리 가족 모두 건강하고 행복하게 오래오래 같이 사는 것이 최대의 소원이다. 어느 누구나 마찬 가지겠지만.

이와이 도시노리 지음, 김윤수 역 나는 더 이상 착하게만 살지 않기로 했다

공통 목표를 위해서 자신이 할 수 있는 일에 힘을 쏟는다. 그 결과 남들의

미움을 받더라도 그것은 스스로 컨트롤하지 못하는 일이므로 있는 그대로

받아들이자. 설령 대하기 불편한 사람이 있더라도 계속 그 사람을 불편해

하는 자신을 탓해서는 안 된다. 그저 남들의 미움을 받는 자신을 받아들이

기만 하면 된다.

걱정 없는 삶이 어디 있겠는가. 모든 사람들이 다들 한 가지씩 걱정은 안고 살아간다. 그러므로 힘들어할 필요 없다. 나뿐만 아니라 많은 사람들이 걱정 속에서 살고 있지 않은가. 나만 고통받으면서 살고 있는 것이 아니다. 남들도 다 그러고 산다. 그러니 조금 더 용기를 내자. 같은 것으로 똑같이 고통을 받고 있는데 왜 나만 유독 더 힘들어하는가. 그럴 필요가 없다. 남들도 다 그러고 산다. 남들도 다 그러고 살아간다. 그러므로 나도 그냥 툭 털어 버리고 살아야 하지 않겠는가.

걱정스러운 일이 닥칠 때 내가 할 수 있는 부분의 일에 최선을 다했다면 그냥 툭 털어 버리자. 아무리 고민하고 걱정해도 해결되지 않는다. 이미 내 손을 떠나 버린 것이다. 그런 일이 생겼을 때는 '내가 더 이상 할 게 있는가?', '없다', '그러면 그냥 잊자'라고 생각하는 편이 좋다. 걱정한다고 해결되는 것도 아니고 걱정한 대로 일이 생기지도 않는다.

남들이 나를 미워해도 내가 어찌할 수 없다면 그냥 '툭' 털고 일어나는 거다. 내가 아무리 잘해 줘도 나를 싫어하는 사람은 있다. 나의 말투, 생김새, 행동거지가 그냥 마음에 들지 않기 때문이다. 이럴 때는 어떻게 해야 하는가? 내가 할 수 있는 부분이 있는가? 없다면 그냥 툭 털어 버리는 거다. 고민하고 걱정해 봐야 해결되지도 않는다. 내가 할 수 없는 부분에 대해서는 더 이상 걱정할 필요가 없다.

우리는 너무도 많은 근심과 걱정을 가지고 인생을 산다. 그럴 필요가 전혀 없다. 세상일이 모두 내 뜻대로 되지 않는다고 해서 힘들어할 필요도 없다. 다른 사람들도 다들 그러고 산다. 나만 힘든 게 아니다. 왜 유독 나만 더 힘든 내색을 하는가. 뭐가 모자라기에 그러는가. 세상을 사는 지혜 중 하나는 그냥 '툭' 털어 버리는 것이다. 일종의 포기다. 내가 할 수 없는 부분에까지 고민해 봐야 소용없다. 헛짓거리하는 거다.

한 가지 예를 들어 보자. 연로하신 부모를 모셔야 하는데 경제적, 시간적 여력이 없다면 어떻게 할 것인가? 모시면 참 좋은데, 도저히 내 손으로 어쩔 수 없다면, 쉽게 툭 털어 버리는 거다. 아무리 노력해도 안 될 것 같으면 어쩔 수 없지 않은가. 현실은 모시지 못하는데 그걸 가지고 자책감을 느끼거나 힘들어 할 필요가 없다. 할 수 있는 데까지만 하면 된다. 한 달에 10만 원 정도 지원이 가능하다면 그것만 하면 된다. '아버지, 어머니 죄송합니다.' 하면 된다. '제가 도저히 여력이 안 돼서 힘이 듭니다. 죄송합니다.' 하면 된다. 더 이상 고민할 필요가 없다. 해결되지 않는 일은 그 어떤 일이라도 과감히 포기하는 게 낫다. 비인간적이라 생각 들겠지만, 뭐 뾰족한 수도 없는데 뭘 어쩌란 말인가.

여자란 삶은 달걀 속과 같다

여인은 각기 다른 색깔로 칠해진 달걀들을 식탁에 올려놓으며 말했다.

"드시옵소서, 왕이시여."

"뭐라고! 지금 나를 왕이라 부르셨소?"

"당신의 눈빛은 제왕의 위엄으로 번득이고 있습니다. 당신에게서 풍겨 나오는 현명함과 거룩함을 감히 몰라볼 사람이 누가 있겠습니까?"

"……"

"왕이시여, 이 달걀을 한 개씩 드시면서 그 맛을 보아 주십시오."

솔로몬은 노란색과 빨간색 등 색깔이 다른 달걀을 한 개씩 맛보기 시작했다.

"껍질 색은 각기 다른데 맛은 전부 똑같구나."

"여자란 이 달걀과 같습니다. 얼굴이 예쁘고 못생기고의 차이는 있을지 모르나, 알고 보면 그 속은 다 똑같습니다……"

살다 보면 이성의 유혹을 받을 때가 있다. 뻔히 배우자가 있음에도 그런 유혹에 빠질 수 있다. 세상 살다 보면 별의별 일이 다 있으니 말이다.

정말로 사랑하는 배우자가 있음에도 또 다른 이성에게 눈이 간다는 것은 어쩔 수 없는 인간의 모습이리라. 그럴 땐 옆의 예화를 떠올리며 참자.

그래, 속된 말로 벗겨 놓으면 다 똑같다. 자신의 배우자랑 별 차이가 없다. 아무리 젊어도 별 차이가 없는 거다.

020

주희, 여조겸 지음, 안은수 역 **근사록**

결국 모든 것의 귀결은 사랑이라

결국 유학에서 추구하는 공부의 최종 목표는 내가 살고 있는 세상에서 내가 관계를 맺고 있는 사람과 일들에 대해 정성스런 마음으로 대함으로써 사랑(仁)을 실천하는 데에 있다.

이 책에서는, 유학의 근본 원리도 '사랑'이라고 말한다. 최종적으로 추구하는 목표가 사랑이라는 말이다. 사랑은 기독교에서도 추구하는 가장 아름다운 궁극의 목표이자 목적이다. 불교에서 목표하는 자비 또한 사랑의 범주에서 크게 벗어나지 않으며, 이슬람 등의 대부분의 종교에서 말하는 것도 크게 보면 모두 사랑이라 할 수 있다. 결국 모든 종교에서 말하는 최고의 가치는 사랑이라는 말이다.

우리가 살아가는 이유가 무엇인가? 여기서 잠깐 책을 덮고 생각해 보자. 그냥 태어나서 살아가는 것인가? 잘 살기 위해 살아가는 것인가? 행복하기 위해 살아가는 것인가?

잘 살려면 돈을 많이 벌어야 한다. 돈을 많이 벌기 위해서는 공부를 잘해서 좋은 대학을 나와서 출세해야 된다. 그래서 어릴 적부터 우리는 그리도 열심히 공부하라고 강요받은 것인가?

사랑을 가슴에 딱 묻어 두고 삶을 살아가면 자연스럽게 행복해진다. 돈을 많이 벌어서 잘 살아도 행복해질 수 있지만, 곧 허무감이 몰려올 것이다. 더 잘 살고 싶고, 더 많은 돈을 벌고 싶은 마음 때문에 그 행복감은 오래가지 못한다. 처음으로 집을 샀을 때의 그 행복감이 얼마나 가던가. 그리 오래가지 못한다. 좀 더 큰 평수가 눈에 들어오고, 더 넓은 평수를 위해 또 얼마나 악착같이 살아가는가. 허무할 뿐이다. 그런 허무의 굴레에 벗어나기 위한 방법은 사랑하며 사는 것이다. 무엇을 하든 사랑하는 것에 맞춰 살게 되면 행복감이 충만하여 지속될 수 있다.

021
눈치 보며 살지 말자

그날 화장터를 다녀오고 나서 나는 어두운 작업실에 불도 켜지 않은 채 한동안 웅크리고 앉아 있었다. 그곳을 벗어나자 오히려 더 그곳이 떠올랐다. 마치 조금 떨어져서 사랑하는 사람을 바라보는 것처럼. 시간이 흐를수록 그곳은 점점 더 선명하게 그 형태를 드러내고 있었다.

그리고 그곳은 또 다른 생각을 불러일으켰다. 그래, 욕심을 버리자. 쓰고 싶은 것만 쓰자. 나는 그 동안 너무나 삶과 사랑의 눈치를 봐 왔다. 나는 너무나 많은 것을 알려고 했다.

욕심이 생기면 눈치가 는다. 욕심이 과하면 그만큼 눈치도 늘어날 수밖에 없다. 부자가 되고 욕심이 생기면 고객의 눈치를 더 많이 보게 될 것이고, 베스트셀러 작가가 되고 싶은 욕심이 생기면 독자의 눈치를 살피며 자신이 좋아하지 않는 글을 써야 하는 것이다. 고로, 욕심이 생기면 자신을 잃게 된다.

반대로 욕심을 버리면 자유로워진다. 내 맘대로 살 수 있게 된다. 사상의 자유와 표현의 자유를 영유할 수 있게 된다. 대신 배고플 수 있다. 만약 우리가 영원히 산다면, 욕심을 낼 만하고, 눈치를 볼 만해진다. 그러나 우리는 유한한 존재다.

유한하기에 어쩌면 다행이다. 눈치 볼 필요가 없기 때문이다. 오래 살아야 100년. 100년만 버티면 된다. 100년만 눈치 안 보고 궁상맞게 살면 된다. 인간의 나이가 1,000년이라면 어찌 살겠는가. 아득하기만 하다.

그가 가장 격렬하게 욕설하는 것은 "그 사람 참 독특한 사람이야."라는 정
도다. 그 '독특'한 것은 중섭에게 인종말자며 죽일 놈이며, 개자식이며, 구
제받을 수 없는 자며 협잡, 사기꾼인 것이다.

그는 누구에게나 분노가 없고 고약한 술주정이 없고 시비가 없다. 그러나 그
야말로 분노가 있고 시비와 사리를 깊이 따져낸 사람인지도 모른다.

화가 난다고 나오는 대로 욕하는 모습은 실로 얼마나 유치한가. 욕하는 본인 스스로 '나는 하급이요.' 라고 당당하게 말하는 것과 같다. 이 얼마나 창피한 모습인가. 좀 더 차원 높은 사람은 화가 날수록 냉정해지는 사람이다. 이런 사람이 사실 실로 무서운 사람이라 할 수 있다.

이중섭은 그림 이외의 것들에 대해서는 그저 무덤덤했던 천재 화가였다. 그는 자신의 그림에 대해서 비판하는 자들에게도 헤헤 웃음지으며 그저 넘길 뿐이었다. 그냥 자신의 그림 그리는 것이 좋을 뿐이지, 남의 비평이나 남의 관심은 그에게는 상관없는 일로 치부되었다.

인생을 좀 더 넉넉하게 살려고 한다면, 하나하나에 방점을 찍으면서 살지 않으면 된다. 자신의 것에만 방점을 찍고, 나머지 것에는 흘려 보낼 수 있는 넉넉함을 가지면 편리할 것이다. 만약 너무도 화가 나는 상황이라 꼭 욕을 하고 싶다면, 이중섭을 생각해 보자. 그처럼 '독특'이라는 나만의 단어를 만들어 사용해 보는 것을 어떨까. 독특? 얼탱이? 특별? 희한? 신기? 어이없는?

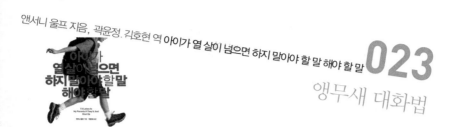

인류 역사상 가장 많이 사용된, 단순하면서도 엄청난 효과가 있는 대화법을 소개하겠다.

사냥에서 실패하고 돌아온 오그를 아내 오그레나가 맞이한다.

"오그는 큰 맘모스를 봤어."

"아, 큰 맘모스를 봤어."

"응, 아주 컸어. 그걸 죽여서 많은 식구를 먹이면 오그는 영웅이 될 거야."

"오그가 그걸 죽이면 많은 식구를 먹여서 영웅이 될 거야."

대화를 잘하고 싶다면 앵무새가 되면 된다. 다른 말은 생각할 필요도 없다. 그냥 상대방이 하는 말을 반복해 주면 된다. 그러면 상대방은 자신의 말을 잘 듣고 있구나 판단하게 되고, 우리를 신뢰하기까지 한다. 진짜 될까?

아내가 나를 보자 쪼르르 달려와 재잘거렸다. 예전 같으면 그냥 듣는 둥 마는 둥 했을 것인데 앵무새 대화법을 써 보기로 했다. 같은 단어를 몇 번 반복하자 대화가 조금 유치해졌다. 그리고 같은 단어를 반복하는 것도 힘들었다. 대신 '그렇구나' '그래?' '진짜로?' 같은 말로 대신했다. 예전보다 대화가 잘 진행되었고, 아내도 나와의 대화에 흡족해하는 것 같았다.

아내와의 대화에서 가장 중요한 것은 시시비비를 따지지 말라는 것이다.

한 가지 더! 절대로 남자들이 늘상 하는 실수인 해결책을 제시해 주지 말자는 것이다. 그냥 들어 주고 동감해 주면 된다. 아내 편을 들어 주면 더욱 좋다. 그게 부부간의 대화다. 그래야 가정이 편안해진다.

앵무새 대화법이 아내하고만 통하는 것은 아니다. 다른 많은 사람들과도 통할 것이다. 들어 주는 것이 중요하다. 한 성격 급한 선배와 전화를 할 때면 간혹 나를 불편하게 만든다. 왜냐면 그 선배는 내가 말할 틈을 주지 않기 때문이다. 자신의 말만 하기에 바쁘다. 대화라는 것은 서로 말을 주거니 받거니 하는 것인데, 자기 할 말만 늘어놓는다. 그래서 불편하다. 그 선배를 볼 때마다 반면교사로 삼아야지 각오를 다져 보기도 한다. 사실 말하는 것보다 들어 주는 것이 더 편하다. 말할 거리를 생각하지 않아서 좋고, 말을 늘어놓아 상대방을 불편하게 만들지 않기에 좋다. 그 선배에게도 앵무새 대화법을 꼭 써 봐야겠다.

대화를 할 때는 상대방의 눈을 응시하라고 한다. 근데 너무 빤히 뚫어지게 쳐다보는 것도 상대방을 불편하게 만들 수 있다. 말하는 상대방을 바라는 보되, 가끔 시선을 돌려 다른 곳을 쳐다봐 주는 시간적 여유를 주어야 상대방도 편해질 수 있다. 대신 다른 곳을 보는 시간이 너무 길어져서는 안 된다. 그것은 '나는 너와 지금 대화하는 게 지루해 죽겠어.'라는 무언의 표현이기 때문이다. 내 생각에는 바라보기와 다른 곳 보기의 비율을 3 대 1 정도 하면 무리가 없을 듯싶다. 또한 말하는 상대방의 호감을 사기 위해 억지웃음은 짓지 말자. 한 10분 지나면 경련이 일어나 오히려 부작용이 일어난다. 표정 관리가 힘들어진다. 그냥 편하게 바라보고, 앵무새 작전으로 호응해 주면 된다.

024 김병수 지음 버터낼 권리
감정은행 운용법

좋은 부부 관계를 만들기 위한 법칙을 하나 알려드리겠습니다. 그것은 5
대 1 법칙과 3대 1 법칙입니다. 좋은 부부 관계를 유지하기 위해서는 남편
과 아내가 주고받는 말 중 긍정적인 말과 부정적인 말의 비율이 5대 1이
되어야 합니다. 하지만 긍정적인 말과 부정적인 말의 비율이 3대 1보다

적으면 좋은 관계를 유지하기 어렵습니다.

감정은행이란 것이 있다. 감정은행에 좋은 감정을 차곡차곡 많이 쌓아 놓으면 힘들 때 도움이 된다. 좋은 감정에는 긍정, 감사, 사랑, 행복, 기분 좋음, 편안함 등등의 것들이 있다. 반대로 나쁜 감정에는 부정, 기분 나쁨, 비굴, 핀잔, 불행, 비난, 혼란, 당혹, 우울 등등의 것들이 있다. 감정은행에 긍정적인 잔고를 많이 남겨 놓아야 세상을 버텨 낼 수 있게 된다는 이론이다. 평상시에 좋은 감정을 많이 쌓아 놓으면 나쁜 감정으로 잔고를 까먹을 때도 버텨 낼 수 있다는 얘기다. 절대로 감정은행의 잔고를 마이너스로 만들면 안 된다. 마이너스는 불행 인생을 말한다.

근데 문제는 좋은 감정과 나쁜 감정의 힘이 같지 않다는 데 있다. 나쁜 감정이 힘이 조금 더 세다. 이해하기 쉽게 수치화해 보자.

좋은 감정 1개가 나쁜 감정 1개를 이겨 내지 못한다. 좋은 감정 3개가 나쁜 감정 1개를 이겨 내지 못한다. 적어도 좋은 감정 5개는 있어야 나쁜 감정 1개를 상대할 수 있다. 따라서 감정은행에 좋은 감정을 많이 쌓아 두어야 한다는 결론이 나온다. 원래 그런 거다. 세상이 그런 거다. 사는 게 고해(苦海)라고 하지 않던가. 이걸 부정하고 싶은 마음에 좋은 감정과 나쁜 감정을 1 대 1로 생각해서 한 번 해 보시라. 백전백패하게 된다.

인생을 고해라고 부르는 이유를 알아 보자. 가만히 자신의 삶을 관조해 보자. 좋은 일과 나쁜 일의 비율을 알아차려 보자. 좋은 일보다 나쁜 일이 더 많이 발생된다. 다니는 회사에서 살펴보자. 나쁜 일들이 좋은 일들보다 더 많이 발생하게 된다. 나쁜 일들의 연속이고, 좋은 일은 가끔 찾아온다. 회사는 돈 벌어먹기 위한 비정한 곳이니까 동의하지 않은 사람들을 위해 가정으로 가 보자. 집에서 좋은 일만 발생하는가? 아내와 매일 좋은가? 자식들과 매일 좋은가? 투닥거리는 일이 더 많지 않은가? 우리 주변에는 너무나 많은 나쁜 감정들이 도사리고 있다. 사랑으로 뭉친 조직도 이러할진대 인생을 고해라고 부르는 것을 감히 부정할 수 없을 것이다.

그렇다고 해서 가만히 손놓고 있어서도 안 된다. 감정은행을 잘 활용하면 된다. 나쁜 감정이 좋은 감정보다 힘이 센 것을 순순히 인정하는 것이 첫째다. 그러고 나서 5대 1의 법칙에 충실하면 된다. 나쁜 감정에 의해 내 자신이 무너지는 것을 좋은 감정 5개 축적으로 막아 보는 거다. 늘 기분 좋은 상태를 유지하기 위해 노력해야 한다. 기분이 좋지도 나쁘지도 않은 상태도 사실 나쁜 감정에 있다고 보는 편이 맞다. 나쁜 감정으로 한 대 얻어터지면 곧장 부정의 상태에 매몰되게 된다. 5개는 되어 있어야 나쁜 감정 1대 맞았을 때 영(0)의 상태가 되는 것이다. 따라서 우리는 늘 5개의 좋은 감정을 유지해야 한다. 다른 사람이 봤을 때 '저 사람은 참 유쾌한 사람이야', '저 사람은 착한 사람이야'라는 말이 나와야 된다.

아들러 심리학에서는 타인에게 인정받기 원하는 마음을 부정한다.

그 사람의 기대를 만족시키기 위해 살지 말라.

적절한 행동을 하면 칭찬을 받는다. 그러나 받지 못하면 그 행동을 계속할 수

있을까?

유대교 교리 : 내가 나를 위해 내 인생을 살지 않으면, 대체 누가 나를 위해 살

아 준단 말인가.

타인의 인정을 바라고 타인의 평가에만 신경을 기울이면, 끝내는 타인의 인

생을 살게 된다.

과제를 분리하라.

이것은 누구의 과제인가?2그 선택이 가져온 결과를 최종적으로 받아들이는

사람은 누구인가?

누구도 내 과제에 개입시키지 말고, 나도 타인의 과제에 개입하지 않는다.

누군가에게 미움을 받는 것. 그것은 자유롭게 살고 있다는 증거이자 스스로

의 방침에 따라 살고 있다는 증표다.

기시미 이치로를 통해 아들러를 알게 되었는데, 너무도 신기한 것이 아들러가 말하는 미움받을 용기가 법륜스님의 설법과 너무도 일치했다. 법륜스님이 아들러를 공부한 것인지, 아니면 진리는 결국 끝에 가면 만나게 되는 건지는 모르겠다. 특히나 '과제를 분리하라'는 부분은 똑같았다. 법륜스님이 주로 하는 말씀이 스무 살이 넘으면 부모고 뭐고 딱 끊으라는 말이다. 부모는 자식이 스무 살이 넘으면 딱 끊고, 자식도 스무 살이 넘으면 부모를 딱 끊고 스스로 살라고 강조한다. 아들러와 마찬가지로 서로의 과제를 분리하여 간섭하지 말라는 것이다.

이 책의 예에서 나왔듯이, 방구석에서 나오지 않는 학생의 이야기를 둘의 관점에 비교해 보자.

아들러는 아이가 방으로 나오기까지 부모로서 사랑을 담아 노력은 해야 되지만 결국 나올 수 있는 문제는 아이에게 달려 있다고 한다. 대신 부모는 아이에게 너무 간섭하지 말고, 대신 어려우면 도움을 줄 수 있다는 신호를 주라고 한다. '늘 언제나 네 옆에 있으니까 필요하면 불러라.' 스스로 아이가 나올 수 있을 때까지만 도와주라는 거다.

이런 예는 법륜스님의 팟캐스트를 통해 들은 적이 있는데 법륜스님이 말씀해 주신 것과 내용이 같았다. 결국 아이가 나올 수 있는 것은 아이의 문제이지 부모가 어쩔 수 없다는 것이었다. 바로 과제의 분리였다. 물론 부모로서의 역할과 노력은 해야 하지만, 결국 나오는 것의 가부는 아이 본인 스스로의 결정에 의함이라는 것이다. 부모의 마음이야 아프고 찢어지겠지만 어쩌겠는가. 과제를 분리할 수밖에 없는 것이다.

다음으로, 우리는 얼마나 남의 눈치를 살피며 살고 있는가. 남의 기대를 충족시키기 위해서 자신을 갉아먹고 있다. 출세하는 것을 본인 스스로 좋아하지도 않는데, 남들의 기대에 미치기 위해 출세를 해야만 하는 현대인들이 불쌍하기만 하다. 그렇게 출세해도 행복하지 않다. 본인이 원하는 것이 아니기 때문이다. 남의 과제를 자신이 떠맡았기에 생기는 불운이다.

행복해지기 위해서는 자신의 목소리를 들어야 한다. 홀로 있을 때 속에서 나에게 속삭이는 내 본령의 소리를 들어야 한다. '너는 이거 하면 행복하지 않잖아. 너는 저게 더 좋잖아. 왜 널 속이면서 살고 있니? 어차피 인생은 한 번뿐이야. 용기를 내. 더 이상 남의 눈치를 살피지 말고, 네 꿈을 실현시키기 위해 살자.'

좀 더 강해져야겠다는 생각이 든다. 남에게 미움을 받는 것을 감수하더라도 나를 좀 더 챙겨야겠다. 내가 나를 위해 살지 않으면 도대체 누가 나를 위해 살아 주겠는가.

026 후배 챙기기

조서환 지음 근성:같은 운명, 다른 태도

사회생활을 하면서 보게 되는 수많은 인간군상 가운데 가장 초라한 유형이 후배에게 배신당해서 망가지는 사람이다. 윗사람에게 골탕먹는 경우도 있지만 비교적 초창기 때 당하기 때문에 재기할 여지가 있다. 하지만 후배의 배신은 대개 인생의 정점에서 일어나기 때문에 충격이 훨씬 크다. 속된 말로 한순간에 '골로 갈수 있다. 그래서라도 후배를 무서워해야 한다. 후배 덕은 못 보더라도 후배 때문에 쓰러지지는 않아야 하기에.

사회생활엔 딱 세 분류의 사람과 얽히고설켜서 살게 된다. 선배, 동기, 후배다. 선배야 당연히 잘 보이려고 애쓰게 마련이다. 동기는 나중에야 어떻게 될지 모르겠지만 일단 친한 사람이다. 마지막이 후배다. 후배를 우리는 보통 무시한다.

여기서 문제가 발생한다. 선배는 나를 끌어 주고 밀어주는 역할을 하지만, 결코 나와 오래가지 않는다. 먼저 업에서 은퇴하기 때문이다. 동기는 처음에는 친하게 지낼 수밖에 없지만, 시간이 지날수록 경쟁 모드로 변하게 된다. 계속 쭉 친하게 지내는 게 용할 정도다. 사실 후배는 나보다 더 오래 업에서 남아 있게 되고, 결국 나와 같이 갈 사람은 후배다.

선배만 보고 일하게 되면 처음에는 잘 나가는 것처럼 보인다. 줄을 잘 서면 출세가 빠르게 마련이다. 그렇지만 후배 관리에 소홀하게 되면, 진급해서 일을 할 때 정작 부려먹을 사람이 없게 된다. 일은 혼자 하는 게 아니다. 결국 사람이 하게 되는데, 믿을 만한 후배가 없으면 과업이 주어졌을 때 일을 못하게 된다. 결국 내 일을 해내는 것은 후배다.

강한 자에게 약하고, 약한 자에게 강한 사람들이 있다. 윗사람만 바라보고 철저하게 아랫사람을 깔아뭉개는 사람이다. 이런 사람에게는 절대로 사람이 따르지 않는다. 후배들이 뒤에서 욕하기 마련이다. 물론 잘해 줘도 선배는 후배에게 욕을 먹는 존재다. 그렇지만 정도의 차이가 있다. 최소한 후배에게 배신은 당하지 않아야 한다. 후배를 깔아뭉개면서 그것을 즐기는 선배는 결국 후배에게 뒤통수 맞게 되어 있다. 후배는 이렇게 이를 바득바득 간다. "xx끼, 내가 언젠가는 너를 골로 보내 주겠어. 기다려라. xx놈아."

그렇다면 어떻게 후배 관리를 해야 할까? 매일 술 사 주고, 선물 주고, 평점 좋게 주면 될까? 내 생각에 그런 거 안 해도 된다. 그런 거 해 봤자 소용도 없다. 대신 마음을 주면 된다. 거짓이 아닌 진실로 대하면 된다. 즉, 인간적인 소통이 이루어지면 모든 건 끝난다. 이렇게 생각하면 쉽겠다. 유비가 관우와 장비를 대하듯 그렇게 대해 보는 거다. 의형제다.

그런데 의형제를 맺을 정도의 후배가 보이지 않을 경우도 있다. 주변에 사람이 없는 것이다. 그렇다면 어떻게 할까? 최소한 뒤통수 맞지 않게 그들을 존중해 주어야 한다. 거짓 걱정이 아닌 진심 어린 걱정을 해 주어야 한다. 저 사람을 내 사람으로 만들려는 수작이 아닌, 최소한의 인간적 양심으로 대해야 한다.

선배를 적으로 삼는 것은 괜찮다. 동기를 적으로 삼는 것은 좀 힘들다. 그러나 후배를 적으로 삼게 되면 골로 가게 되어 있다.

경험 있는 분들은 이해하겠지만 전직과 현직은 하늘과 땅처럼 다르다. 일단

현직을 떠나면 그동안 가져 왔던 관계망이 상당히 허물어진다. 형, 아우로

부르며 지내던 관계란 것도 결국 이해관계 이상도, 이하도 아니란 사실을 사

람들이 깨우칠 때는 주로 현직을 유쾌하지 않게 떠날 때다.

지금 내가 다니는 회사를 다니면서 나는 얼마나 많은 사람들과 얼마만큼의 친분을 쌓고 지냈을까 생각해 본다. 회사를 다니니까, 차장이라는 직함으로 인해 만들어진 관계가 아니라 보다 인간적인 관계는 얼마나 될까 생각해 봤다. 회사를 그만두고 내 이름만으로도 이들과 지금과 같은 관계를 엮어 낼 수 있을까. 형, 동생 하는 관계는 없지만, 그 정도의 친분을 계속 인간적으로 유지할 수 있는 사람이 있을까. 몇몇 얼굴이 떠오르기도 한다.

물론 회사는 사회적인 이해관계로 얽힌 곳이다. 친구를 사귀려고 만든 단체가 아니다. 이익을 추구하기 위해 모인, 생계를 위해 모인 사람들의 집단이다. 이런 곳에서 나처럼 감상적으로 생각하는 것 자체가 회장님의 심기를 불편하게 만드는 것일 수도 있다. 하라는 일은 안 하고 도대체 뭔 짓거리여!

그렇지만, 인간은 매우 감성적인 동물이다. 정精도 필요하고 사랑도 필요한 존재다. 그리고 느낄 수 있기에 다루기 힘들고 피곤한 유기체다. 그러기에 이런 생각을 충분히 할 수 있는 것이다. 회사라는 것을 쏙 빼고, 지금 내와 관계 맺고 있는 사람들과 호형호제할 수 있는 사람이 몇이나 되는가에 대한 질문은 필요하다.

글을 쓰면서 위로, 아래로, 옆으로 얼핏얼핏 생각해 봤다. 회사를 통해서 알게 된 동기들은 지금도 연락을 하고 있다. 회사 동기들이 모두 회사를 떠났지만, 나만은 아직도 이 자리를 지키고 있다. 이들과는 호형호제할 수 있겠다. 위로는 있는가? 개인적으로 연락을 취하고 고민을 털어놓고 호형호제할 만한 사람이 있는가. 내 마음을 툭 터놓고 대놓고 회사를 욕할 수 있는 선배가 있는가?…… 다행스럽게도 있다. 다행이다. 그래도 잘 살았나 보다. 그렇다면 아래로는 있는가? 몇이나 되는가? 그나마 다행스럽게도 있다. 나는 윗사람 대하는 것보다 아랫사람들과 어울리는 것을 좋아하기에 가능한 것이겠다. 그러고 보니 휴, 다행이다.

근데 문제는 나만의 생각일 수 있을지도 모른다. 그들은 그렇게 생각하지 않는데, 나만 그렇게 생각할지도 모른다는 생각이 퍼뜩 들었다. 그들이 얼마나 난처해할까.

나라는 인간은 숫기도 별로 없고, 인간관계를 지속시키는 데 굉장히 취약한 편이다. 눈에 안 보이면 연락조차 끊어 버리고, 처음엔 관계 좋게 지내다가도 곧 미워하는 마음이 들어 그를 미워하기도 하는 아주 괴팍한 성격을 갖고 있다. 고쳐야 될 성격이다. 반면 아내는 그런 면에 있어서는 아주 진국이다. 한번 사귀면 정말 오래도록 사귄다. 아무리 오랜 기간 떨어져 있던 사이라도 만나면 어제 만났던 것처럼 그렇게 지낸다. 사람을 진심으로 대하고 사랑하기에 가능한 것이리라. 부러워만 하지 말고, 나도 개발하고 체화해야지.

아빠의 자기 인식이 아들에게 얼마나 큰 영향을 미치는지 알아야 한다. 그 전에 우선 할 것은 아빠는 아들을 알아야 한다. 내 아들을 모르는 아빠들 때문에 아들들은 너무 외롭고 힘들다. 침묵하는 아빠를 보고 자란 아들은 자신의 아빠처럼 자신의 감정을 억누르고 똑같이 침묵한다.

아버지들의 가장 큰 문제점은 '침묵'이다. 밖에서는 그렇게 잘 떠들면서 집에 들어서는 침묵한다. 소파에 누워 리모컨을 켜고 채널을 이러지리 돌리면 된다. '밥 먹었니?' '공부했니?' '게임하지 마라.' '일찍 다녀라.' 고작 이 정도 말이 전부다. 남자는 혼자만의 동굴을 찾는다고 하지만, 의도적으로라도 대화의 물꼬를 스스로 터야 한다. 그래야 대화가 있는 가정이 된다.

자식의 입장에서 말이 없는 아버지처럼 답답한 존재가 없다. 숨이 턱턱 막힌다. 숨도 제대로 쉴 수조차 없다. 왜 이렇게 어렵게 느껴지고, 도대체 무슨 생각을 하는 건지. 저렇게 하면 권위가 있다고 생각이 드는 건지. 아주 답답하다. 친밀하게 다정하게 웃으면서 한 마디만 건네주면 얼마나 좋을까. 왜 아버지들은 말이 없는 것일까. 화만 내는 것일까. 단답형 말만 하는 것일까. 나랑은 대화하기 싫은 것일까. 나를 왜 낳았지? 나를 사랑하기나 할까? 이런 의구심만 들 뿐이다.

그래도 요즘 아버지들은 많이 좋아졌다. 예전 아버지 세대는 정말 말이 없는 '과묵의 시대'였다. '침묵은 금이다.'가 최고로 가치 있는 명언이었다. 근데 이젠 시대가 달라졌다. 아버지도 말을 해야 한다. 자식에게 먼저 다가가 말을 걸어야 한다. 시시껄렁한 농담도 던져야 한다. 권위가 떨어질까 두려운 것은 안다. 그렇지만 권위는 그런 것에서 떨어지는 게 아니다. 권위 타령하다가 자식과 진정한 대화를 죽는 순간에 가서야 할 수도 있다. 죽는 순간이 되었을 때 '내가 너를 사랑했던 거 알지?'라고 해 봐야 자식이 알아주겠는가. 과장되게 말하면, '이 미친 노인네가 이제 와서 무슨 헛소리야.'라고 할 뿐이다.

회사에서도 마찬가지다. 높은 직위에 있는 사람이 먼저 아랫사람에게 말을 건네야 한다. 소통, 소통 외치지만, 높으신 분들이 솔선수범하지 않으면 공염불이 될 뿐이다. 먼저 다가가야 대화의 물꼬가 터지는 법이다.

나의 아버지도 별로 말씀이 없으셨다. 나는 그게 참 싫었다. 아들을 사랑하지 않나? 엄마처럼 다정하게 말하면 안 되나? 왜 아버지는 저렇게 말수가 없을까. 남자가 어른이 되면 말이 없어야 하는 것일까. 근데 나는 아버지와 대화를 하고 싶다. 어머니보다는 같은 남자인 아버지와 더 많은 대화를 하고 싶은데, 아버지는 말씀이 없었다. 그때부터 각오했던 것 같다. 내가 아버지가 되면 나는 많은 대화를 나누겠노라고. 그런데, 아버지도 나이가 드시니까 말씀이 느셨다. 이젠 제법 많은 대화를 나누곤 한다. 자주는 못 뵙지만, 늘 그리운 분이다. 아버지께서 젊으셨을 때도 지금처럼 말 좀 하셨으면, 얼마나 고마웠을까. 어서 이 글을 마치고 나도 아들과 대화하러 가야겠다.

베끼고,
훔치고,
창조하라

일생에
한번은
그를
만나라

THAAD

Go

잠자기 전
30분
공부법

준비된우연
A TURNING POINT

탈무드
처세집

한 번은
독해져라

어떻게 살 것인가

3부

꿈과 성공의 너머

029 자기 이름 석 자로 살기 위해

엘리엇 부 지음 **자살을 할까, 커피나 한 잔 할까**

대기업에 취직하는 것은 기차를 타는 것과 같다. 언뜻 당신이 시속 100킬로미터로 달린다고 착각하지만, 정작 100킬로미터로 달리는 것은 기차이고, 당신은 정지해 있을 뿐이다. 어제 쓰레기 치우느라 바빴는데, 오늘은 새로운 쓰레기를 치우느라 더 바쁘다. 내일은 더 새로운 쓰레기를 치우느라 더더더 바쁘겠지!

회사의 직함이 당신의 힘은 아니다. 차장, 부장이라는 직함은 그 회사를 다닐 때나 김 차장이고 박 부장이 될 뿐이다. 계급장 다 떼고 자신의 이름 석 자만으로도 지금의 영화를 누를 수 있는가? 회사의 힘이 마치 자신이라고 착각하며 살고 있는 건 아닌지. 이 회사를 나와서도 지금같이 살 수 있을지 점검해 보자. 아버지께서 지어 주신 이름 석 자 만으로도 잘 살 수 있을지 고민해 보자.

나는 전화기에 사람들을 입력할 때 직함까지 넣지 않는다. 그냥 이름 석 자만 달랑 넣어 놓는다. 왜냐면 직함이라는 것은 언제든 바뀔 것이고, 본인이 떠나면 다른 누군가가 그 자리를 채울 것이기 때문이다. 인간적으로 그 사람을 대하고 싶기 때문이기도 하거니와 나는 내 이름 석 자로만 살고 싶은 강한 의지가 있기 때문이다. 그래서 나는 누군가에게 나를 소개할 때 절대로 직함을 넣지 않는다. 그냥 '김우태'입니다, 라고만 말한다. 이 직함이라는 것은 진정한 내가 아니기 때문이다.

그러나 많은 사람들은 직함 그리고 회사의 함정에 빠져서 살고 있는 듯하다. 회사의 힘이 마치 자신의 힘인 양 어깨에 잔뜩 힘을 주고 산다. 그런 모습을 볼 때만다 한마디 해 주고 싶지만 참는다. 말해 무엇 하겠는가 그들은 바뀌지 않는다. 대기업의 홍길동 전무라는 무소불위의 권력을 누리던 사람도 오너가 나가라면 하루아침에 나가야 된다. 그다음부터는 홍길동 이름 석 자로만 살아야 한다. 회사에 기대 살던 버릇이 남아 있다면 낭패다. 자신의 이름 석 자보다는 전무라는 직함의 유혹에 홀딱 빠져 살았기 때문에 자신의 이름 석 자로 사는 법을 모른다.

이제부터라도 자신의 회사, 직함에 기대지 말자. 아버지께서 지어 주신 당당한 이름 석 자로 살기 위해 노력하자. 전문가가 되어야 하고, 프로가 되면 된다. 그러면 이름 석 자로 살 수 있다. 나는 그 작업을 계속 해오고 있다. 아직까지는 한 회사의 차장이라는 직함으로 살고 있지만, 언제든 회사에서 나가라면 나가야 하는 신세임을 잘 알기 때문에 이름 석 자로 살기 위해 내 이름을 브랜딩하고 있는 중이다. 나는 두 마리의 토끼를 잡고 있다. 하나는 양계인으로 사는 것, 또 다른 하나는 작가로 사는 것이다. 이 모두 내 이름 석 자로 살기 위한 나의 투쟁이다. 현재 다니고 있는 회사에서 쫓겨나도 다른 곳에서 내 이름 석 자로 살 수 있도록 노력한다. 그것도 아니면 작가로서 완벽하게 독립할 수 있도록 계속 책을 쓰고 있다.

좋은 회사에 다닌다고 으스대지 말라. 그건 자신의 힘이 아니다. 물론 노력해서 좋은 회사에 들어갔겠지만 그건 어디까지나 그 회사 '오너의 힘'일 뿐 자신의 힘은 아니다. 회사 떼고, 직함 떼고 자신 이름으로도 그렇게 으스대며 살 수 있을지 다시 한 번 고민해 볼 필요가 있다.

어떤가? 살 떨리는가? 두려운가? 힘든가? 인생 살기 참 'ㅈ'같다고 생각 드는가? 그렇다면 당장 이름 석 자로 살려고 노력하라. 하면 된다. 나이가 들어서 그냥저냥 살기를 택했다면 그냥 그렇게 살면 되지만, 그래도 잘 살고 싶다면 당장 고민하고 노력하자.

◎ 내가 생각하는 자기 이름 석 자로 사는 방법

1. 다독 : 책을 많이 읽어야 한다. 책 속에 길이 있다. 책 읽지 않고는 절대로 이름 석 자로 살 수 없다. 읽고 싶은 책부터 들자. 그 속에 답이 있다.
2. 다상량 : 책 읽는 것에 그쳐서는 안 된다. 책을 읽고 꼭 사색을 해야 한다. 그래야 내 것으로 만들 수 있다.
3. 실천 : 아는 바를 행동에 옮겨야 한다. 알기만 하면 공염불이 된다. 결국은 몸으로 해야 한다.

위 세 가지를 꾸준히 병행하다 보면 이름 석 자로 살 수 있게 된다. 아주 간단하다.

030 노력이 천재를 능가한다

웨이슈잉 지음 **하버드 새벽 4시반**

〈아큐정전〉의 작가이자, 하늘이 낸 천재라고 칭송받는 위대한 문호 뤼쉰의

생각은 달랐다. 그는 자신이 천재적이라고 생각하지 않았다. 그는 이 세상

에 천재란 없으며, 자신이 문학적 성과를 이룰 수 있던 까닭은 그저 남들이

차나 커피를 마시는 시간에 글을 썼기 때문이라고 말했다.

천재라고 해도 노력하지 않으면 둔재가 되고 만다. 어린 시절 텔레비전에 '천재소년소녀'라고 방송되었던 친구들이 어른이 되어서도 끝까지 천재로 남아 있지 못한 것을 보면 알 수 있다. 반대로 둔재라고 해도 노력만 한다면 천재와 가까운 능력을 발휘할 수 있다. 따라서 천재나 둔재가 중요한 것이 아니라 '노력'이 중요한 것이다.

이 노력이라는 단어 안에는 다른 여러 가지 단어들이 숨어 있다. 먼저 노력에는 '꾸준함'이 들어가 있다. 꾸준하지 못한 노력으로는 성공할 수 없다. 하루 반짝 노력했다고 무엇을 이룰 수 있겠는가. 또한 꾸준함과 비슷한 '성실'도 들어 있다. 성실함이 빠진 노력을 과연 노력이라고 부를 수 있겠는가. 또 노력에는 '진실성'도 들어 있다. 얄은 꾀나 임기응변을 노력이라고 부르기 힘들다. 진실한 마음으로 할 때 노력한다고 말할 수 있겠다. 그리고 '최선'도 들 수 있겠다. 자신이 할 수 있는 극한의 임계치까지 최선을 다하는 것이 바로 노력이지 않겠는가. 또한 노력에는 '시간 관리'도 들어가겠다. 노력하는 사람은 시간 관리에 철저해질 수밖에 없다. 틈새 시간을 이용할 줄 알고, 그냥 버려지는 시간을 없애기 위해 작업한다.

그렇다. 노력하는 사람은 시간 관리에 철두철미하다. 그렇게 될 수밖에 없다. 뭔가를 이루기 위해서는 반드시 시간이 필요한데 살면서 시간이 넉넉지 않기에 관리할 수밖에 없어진다. 그냥 허투루 보내는 시간을 잡기 위해 얼마나 애쓴단 말인가. 하루 24시간으로 한정되어 있는 시간을 확보하기 위해 얼마나 노력한단 말인가. 화장실에서 일 보는 시간, 이동 중 버려지는 시간, 누군가를 기다리는 시간 등을 이용하기 위해 부단히도 애쓰게 된다.

천재는 처음에는 앞서갈지 모른다. 타고나길 금수저를 물고 났으니 그럴 수밖에 없다. 그러나 천재들에게는 함정이 도사리고 있다. 바로 노력이라는 함정이다. 천재니까 적은 노력으로 큰 소득을 얻을 때가 많을 것이다. 따라서 노력이라는 놈을 중하게 여기지 못하는 경험이 계속 쌓인다. 그러나 천재성으로 계속 빨대를 꽂을 수는 없다. 천재성도 언젠가는 사그라든다. 노력하지 않는 천재성은 점점 소멸되어 간다. 그럼에도 불구하고 일부 천재들은 그것을 깨닫지 못한 채 천재성을 조금씩 시간에 도둑맞게 되어, 결국 평범한 사람보다 못한 사람으로 전락하게 된다. 천재성만 믿고 까불다 보니 노력이란 걸 해본 적이 없는 천재에겐 천재성이 오히려 재앙으로 다가오게 되는 것이다.

그에 반해 우둔하지만 노력하는 사람은 얼마나 아름다운가. 천리를 걷는 소의 걸음으로 노력하는 사람, 도끼를 갈아 침으로 만드는 노력을 하는 사람들에게는 비록 천재성이 없더라도 위대한 성공을 이룰 수 있게 된다. 나중에 보면 결국 이런 사람들이 성공하게 된다. 천재가 나타나면 그냥 놔두자. 노력하지 않는 천재는 스스로의 발목에 걸려 쓰러져 버리고 만다. 대신 우리는 우리가 할 수 있는 최선의 노력을 다하는 하루만 살아 내자. 그 하루가 쌓여 나중에는 태산보다 더 큰 산맥을 이룰지니.

031

김종춘 지음 베끼고, 훔치고, 창조하라

포기를 통해 핵심에 집중하라

할 수 있다고 다 하는 것이 아니다. 포기를 통해 핵심목표에 더 가까이 다가가야 한다.

군더더기 인생을 살지 않으려면 본질적인 것, 핵심적인 것, 중요한 것을 찾아내야 한다. 그리고 그것에 집중하는 단순함을 배워야 한다.

우리는 얼마나 많은 짐을 등에 지고서 길을 걷고 있는가. 단출하게 도시락 하나 들고 가면 되는 길을 집안 살림살이 다 챙겨서 나서는 것은 아닌지 모르겠다. 가벼운 옷차림으로 사뿐하게 걸으면 되는데, 타이어를 질질 끌고 가는 형국은 아닌지. 이게 무슨 말인가 하면, 쓸데없는 일, 필요 없는 일까지 다 해 가면서 핵심에 집중하려고 노력하는 건 아닌가 하는 얘기다. 그러니까 시간이 없는 거다. 뭘 하려고 해도 시간이 없다는 핑계를 대고 있는 것이다. 텔레비전의 오락 프로그램 다 챙겨 보면서 언제 핵심에 집중할 수 있겠는가. 고3 학생이 놀 거 다 놀고 시간이 없어서 공부 못한다고 핑계 대는 것과 같은 것이다.

안 해도 될 일을 포기하게 되면 시간이 확보된다. 그냥 버리는 시간을 챙기면 뭐라도 할 만한 시간을 확보할 수 있게 된다. 담배 피우는 시간을 없애 버리면? 게임하는 시간을 없애 버리면? 텔레비전 보는 시간을 없애 버리면? 술 마시는 시간을 없애 버리면? 핵심에 집중할 수 있는 시간을 가질 수 있다. 시간이 없다는 얘기를 자동적으로 하지 않게 된다. 물론, 완전히 끊을 수는 없다. 사는 재미가 덜해지기 때문이다. 반으로만 줄여도 그만큼 시간을 챙길 수 있으니 조금만이라도 줄여 보자는 거다.

성공한 사람들은 단순한 삶을 살아갈 것이다. 최고가 되기 위해 열심히 노력했다. 그리고 최고가 되었지만, 그 최고를 또 뛰어넘기 위해 열심히 자신의 핵심에 열중하는 사람이 있다면, 그의 삶은 단순하기 그지없을 것이다. 그에게는 중간중간 성공이 가져다주는 달콤함도 잠시뿐일 것이다. 돈도 명예도 그에게는 잠시 잠깐의 행복일 뿐일 것이다. 그는 다시 최고를 경신하기 위해 또 단순한 삶의 모드를 견지할 것이 뻔하기 때문이다. 이런 사람에게 돈, 명예, 권력은 큰 의미를 주지 않는다.

쉽게 예를 들어 보면, 메이저리거인 추신수는 10이라는 최고의 경지에 도달하기 위해 11이라는 목표를 세우고 노력한다고 한다. 그러다가 11이 되면 12를 만들어 또 그것을 위해 살아간다. 12에 도달하면 13, 13에 도달하면 14. 이런 식으로 도전에 도전을 하는 삶을 살아가고 있다. 이런 추신수에게 그 많은 돈과, 명예는 무슨 소용이란 말인가. 그는 자신을 경신하기 위해 더 열심히 야구 방망이를 휘두를 것이고, 더 열심히 캐치 연습을 할 것이고, 더 열심히 송구 연습을 할 것이고, 더 열심히 달릴 것이다. 삶이 성공하기 전과 별반 다르지 않은 것이다. 성공한 사람의 삶은 이처럼 성공을 하기 전이나 한 후나 다르지 않다. 삶이 단순해지는 것이다. 야구에 집중하여 야구의, 야구를 위한, 야구에 의한 삶을 살 뿐인 것이다. 핵심에 집중하게 되면, 당연히 군더더기 것들은 다 버려야 하고, 단순해지는 것이다.

버리자. 비우자. 비운 만큼 새로운 것을 채울 수 있다. 버리지 않으면 더 이상 채울 수 없다. 채우지 못하면 재미도 떨어지게 된다. 결국 군더더기를 포기하지 못하면 핵심마저도 포기하게 된다.

032 늦게 찾은 꿈을 이루는 법

한근태 지음 일생에 한번은 고수를 만나라

그(장사익)는 충청도 광천 사람이다. 7남매의 맏아들로 태어나 초년에 엄청 헤맸다. 무려 열여섯 개의 직업을 전전한다. 한 마디로 시원치 않은 인생이다. 그러다 마흔셋이 되던 해, 죽기 전에 정말 하고 싶은 것을 딱 3년만 해보자고 결심하고 평소 배웠던 태평소를 무기로 사물놀이패에 합류한다. 그는 주로 뒤풀이자리에서 노래를 하면서 빛을 발했는데 친구에게 등 떠밀려 46세에 홍대 앞 소극장에서 첫 공연을 하면서 가수가 된다. 뒤늦게 하고 싶은 일을 찾은 그는 이렇게 말한다.

"몇 십 년을 돌아 길을 찾았구나. 인생이란 이런 거구나. 일찍 피는 꽃도 있지만 늦가을에 피는 국화도 있구나."

그는 늦게나마 자기 내면에, 자신의 말에 귀를 기울인 덕분에 자기 하고 싶은 일을 하면서 산다. 행복한 사람이다.

자신의 꿈을 찾아 어려운 길을 걷는 사람들을 보면 힘이 절로 난다. 응원해 주고 싶다. 박수 쳐 주고 싶다. 힘껏 도와주고 싶다. 숨이 멎는 순간까지 자신의 꿈을 향해 뛰는 사람을 보면 존경심이 우러나온다. 반대로 인생을 대충 사는 사람들은 거들떠보기도 싫다. 개밥으로 주고 싶은 심정이다.

꿈이 있기에 행복하다. 꿈이 없으면 비참하다. 왜 사는지 모른다. 현실이 비참해도 꿈이 있으면 행복해진다. 꿈을 향해 가는 길에서 희망을 보기 때문이다. 그냥저냥 하루를 보내는 사람들은 이해하기 어려운 부분이다. 어떤 이는 하루 24시간을 48시간처럼 사용하고, 다른 이는 24분처럼 사용한다. 이건 누가 시킨다고 되는 것도 아니다. 자신을 사랑할 수 있는 사람만이 하루를 제대로 영위하는 것이다.

요즘 나의 하루를 찬찬히 살펴보면 남을 위한 시간이 제법 된다. 아니 거의 다. 나만을 위한 시간은 채 1시간도 되지 않는다. (잠자고 밥 먹는 시간을 빼고 말이다) 나를 위한 시간이 적어질수록 나의 행복도도 떨어진다. 너무 바쁘기 때문이다. 먹고살자니 내 시간을 남을 위해 사용해야 된다. 온전히 나만을 위한 시간을 충분히 영위하다가 틈날 때마다 남을 위한 시간을 보내면 좋으련만, 꿈을 늦게 찾은 나로서는 어쩔 수 없는 일이다.

그럼에도 불구하고 나는 나를 위한 시간은 반드시 확보한다. 10분도 좋고, 5분도 좋다. 그래야 내가 살아 있음을 느끼게 되고, 삶이 피폐해지지 않는다. 회사일도 제법 재미는 있지만, 본연의 마음에서는 행복감이 우러나지 않는다. 회사일에서 성과를 내도 그다지 기쁘지 않다. 회사일과 나의 꿈이 일치하지 않기 때문이다. 법벌이 일과 자신의 꿈이 일치하는 사람은 행복한 사람이다. 나를 회사일에 맞춰 가면서 세뇌를 시키지만, 내 본연은 그걸 거부한다. 어쩔 수 없는 일이다.

이런 나 같은 사람들은 반드시 퇴근 후 자신만의 시간을 확보해야 한다. 자신의 꿈을 향해서 소걸음 걷듯 천천히 매진해야 된다. 그러다 보면 시간이 흘러흘러 서서히 자신의 꿈이 눈에 보이기 시작하고, 이내 손에 잡히게 된다. 현실적으로 이 방법이 가장 유효하고, 가장 안전하다. 꿈을 늦게 찾은 벌이라 생각된다.

1933년 초 몇 달 동안 펄은 이타카에 거의 가지 못했다. 그녀는 파크 애버
뉴에 있는 머레이힐 호텔 스위트 룸으로 거처를 옮기고, 매주 뉴욕과 바
인랜드를 오갔다. 어디에 있던 간에, 그녀는 아침 시간은 글을 쓰기 위해
비워 두었다. 그녀가 중국에 있을 때부터 들인 이 습관은 평생 이어지게
된다.

자신이 왜 이 세상에 태어났는지 먼저 파악하는 것이 중요하다. 나는 무슨 이유로 이 세상, 이 땅, 한국이라는 나라에 태어난 것일까에 대한 고민이 없다면 결코 자신의 본령을 알지 못할 것이다. 자신이 왜 태어났는지에 대한 답을 구하지 못한다면 그만큼 고단하고 외롭고 힘든 삶은 없으리라. 따라서 반드시 자신이 왜 태어났는지에 대한 답을 구해야 한다.

내가 왜 태어났을까에 대한 답을 알았다면 그건 본령을 알았다는 뜻과도 같다. 자신의 본령을 알았다는 것은 희망의 삶을 살 수 있다는 의미이기도 하다. 본령을 알고 사는 사람과 평생 알지 못하고 죽은 사람과의 차이는 극과 극이리라.

본령을 알았다면, 그 본령에 충실해서 삶을 살아가면 된다. 사실 본령을 아는 것이 어렵지 본령을 알게만 된다면 충실히 살지 말라고 해도 충실히 살 수밖에 없어진다. 펄벅의 경우, 자신의 본령은 '글 쓰는 삶'이라는 것을 알고 있었다. 그리하여 그녀는 무명시절에도 틈틈이 글을 써 왔고, 결국 글로써 성공하게 되었다. 본령을 알았기에 가능한 일이었다.

그녀는 아무리 성공을 했어도 자신의 본령을 잊지 않았다. 성공했기에 굳이 글을 쓰지 않아도 될 정도의 돈을 벌었음에도 불구하고 그녀는 자신의 본령에 충실하기 위해 아침 시간을 비워 두었다. 글을 써야 행복해지기 때문이었다. 본령에 충실하면 행복은 자연히 따라오는 부산물과도 같다.

　본령을 알고, 본령에 충실한 삶. 그 어느 누구보다 행복한 삶을 살수 있으리라. 아무리 바빠도 매일 틈새 시간을 쪼개서 자신의 본령에 충실한 삶을 살아 보고 싶지 않은가. 어느 누가 시킨 일이 아닌 본인 스스로 꾸민 일을 하면서 살아 보고 싶지 않은가.

034 김진명 지음 THAAD

성공에는 귀인이 있다

"혹시 한국에서 온 최 변호사세요?"

"그래요!"

"지금 막 연락을 받고 뛰어내려오는 길이에요. 라우트리 변호사님이 모셔 오라 하셨어요. 저는 비서 린다예요."

순식간에 사나이들이 사라지고 린다는 웃음 띤 얼굴로 눈을 마주치며 사과했다.

"죄송해요. 라우트리 변호사는 워낙 특별한 분이시라 오해가 많아요."

"그런데 어떻게 나를 찾아온 거죠?"

"김윤후 변호사님이 전화를 하셨어요."

린다는 엘리베이터에 올라타 76층의 버튼을 눌렀다.

"라운트리 변호사는 대중과 철저히 차단된 분이죠. 아무리 찾아와도 만날 수 없어요."

이 소설에서 주인공 최 변호사가 라우트리 변호사를 만나지 못했으면 더 이상 소설이 진전되지 못했다. 라우트리 변호사는 정말 만나기 힘든 사람이었다. 전화통화만 하려고 해도 1분에 몇 백 달러를 써야 할 정도인 사람을 주인공은 만날 수 있게 되었다. 사실 최 변호사는 그냥 모든 것을 포기해야 하는 상황이었다. 그러나 최 변호사는 김윤후 변호사의 소개로 라우트리 변호사를 만나게 되어 소설은 계속 진행되게 된다. 우리의 보통 인생이라면 최 변호사는 이 사건에 대해서는 그냥 포기하게 되는 게 맞는데, 소설은 이렇게 우연을 가장한 필연으로 잘 진행이 된다. 현실에서는 잘 일어나지 않는 정말 소설 같은 일이다.

소설에서도 그렇고, 인생에서도 마찬가지듯이 '귀인'을 만나야 뭔가 착착 진행되는 것 같다. 아무리 실력이 있어도, 혼자의 힘만으로는 성공하기 힘든 것 같다. 실력이 우수한 가창력 있는 사람도 괜찮은 소속사라는 '귀인'을 만나야 창창하게 나갈 수 있는 것이고, 실력이 우수한 회사원이라도 자신을 알아주는 상관이나 오너라는 '귀인'을 만나야 전도 유망해질 수 있는 것과 같은 이치다.

이와 같은 현실에 대해 분노를 느끼지만 그게 사실이란 점은 인정한다. 물론 실력이 뒷받침되는 것은 기본이겠다. 영화나 소설을 보면 많은 주인공들이 이처럼 꿈같이 신기한 기적을 만나 성공하게 되는데, 이런 레퍼토리가 짜증 나지만, 무시할 수는 없다. 얼마나 많은 실력 있는 자들이 제대로 된 '귀인'을 만나지 못해서 사라져 버렸는가.

그렇지만 귀인 탓만 하고 있을 수도 없다. 귀인을 만나기 전에 먼저 실력을 갈고닦는 것이 먼저겠다. 귀인의 입장으로 돌아가 보자. 누군가를 도와주고 싶은데, 주변에 괜찮은 녀석이 없다면 그도 얼마나 힘들겠는가. 반대로 마침 괜찮은 실력 있는 녀석이 눈앞에 보이면 얼마나 기쁘겠는가. 귀인도 실력 있는 괜찮은 자들을 찾고 있다. 서로 간의 교집합이 만날 때 윈-윈win-win할 수 있는 것이다. K-POP STAR 프로그램에서 실력 있는 참가자를 만났을 때 박진영과 양현석과 유희열의 환한 웃음을 보면 알 수 있다.

Goc

구글은 어떻게 일하는가
How Google Works

상상할 수 없는 것을 상상하라

볼테르는 "너무 잘 하려다 망친다."라고 했다. 스티브 잡스는 매킨토시팀 앞에서 "진정한 예술가는 작품을 발표한다."라고 했다. 새로운 아이디어는 결코 처음부터 완벽할 수 없다. 그리고 여러분은 아이디어가 완벽해질 때까지 기다릴 시간이 없다. 제품을 만들면 그것을 세상에 내어 놓고 반응을 지켜보라. 그런 다음 디자인과 기능을 개선하고 다시 지켜보라. 즉, "내어 놓고 개선하라." 이런 과정에서 신속하게 움직이는 기업이 성공을 거둘 것이다.

처음부터 완벽한 것은 없다. 조금씩 개선해 나가면서 나중에 완벽성을 기하는 것이다. 내가 쓰는 이 글도 마찬가지다. 처음에 뚝딱 쓰지만, 나중에 손볼 곳을 찾아 소리 내어 읽어 보기도 하고, 문장을 다듬는다. 예전엔 그냥 뚝딱 썼는데, 시간이 많이 지나고 보면 너무도 민망하여 얼굴을 제대로 들 수 없었다. 이 글도 몇 년이 흐른 뒤 다시 보게 되면 또 민망해하겠지만.

결정을 미루는 것은 그다지 좋지 않다. 수십 번 생각해서 생각의 꼬리를 물고 맴돌 뿐 결정되는 것이 없다면 낭패다. 그래서 『동국이상국집』을 쓴 고려 시대 문인 이규보 선생(1168-1241)은 세 번 생각하라고 추천하였다. 헤아리고 절충해 보니 세 번 생각하는 게 알맞다고 밝혔다. 세 번 심도 있게 생각하고 행하면 된다는 말이다. 한편 공자는 좀 다르다. 노나라 대신 계문자가 어떤 사안에 대해 세 차례 생각하고 실행에 옮기자 공자는 두 차례만 검토하면 괜찮다고 말하였다. 세 번도 너무 많다는 거다. 완벽하려고 너무 검토하다 보면 결국 결정이 늦어지고 일을 그르칠 수 있음을 말해 준다.

'달리면서 생각하라.' 라는 말이 있다. 이것도 공자의 말씀과 상통하는데, 완벽을 기하려 생각만 하지 말고, 어느 정도 생각했으면 달리면서 생각해도 괜찮다는 뜻이다. 앞서 인용한 볼테르, 스티브 잡스의 생각과 같은 의미다. 공자의 '두 번 검토'도 이에 해당된다고 본다.

사실 완벽하게 생각했다고 하고 일을 실행을 해도 또 다른 변수들이 닥쳐온다. 닭 출하를 위해 나름 이런저런 시뮬레이션을 그려 가며 '완벽한' 계획표를 만들어 냈다. 정말 완벽하여 너무나도 황홀했다. 그런데 미처 내가 생각하지 못한 변수가 생겼다. 4월 5일이면 봄인데, 눈이 온 것이다. 아니 무슨 4월에 눈이 와? 정말 이건 생각지도 못한 일이었다. 그런데 눈이 왔다. 나의 완벽한 출하계획은 눈으로 인해 연기될 수밖에 없었다. 그렇게나 오랜 시간 생각하고, 완벽을 기하려고 수 년 간의 경험을 동원하고, 여러 자문을 구하고, 같이 일하는 사람들과 토의를 해서 만든 계획표가 그렇게 무참히 짓밟힐수가 있단 말인가. 한두 번 정도만 계획표를 검토했다면 억울하지나 않았을 것이다. 그럼 또 쉽게 계획표를 만들면 되니까. 근데 완벽하다고 생각했던 계획이 수포로 돌아가자 그만 맥이 탁 빠져 버리는 것이었다. 그러므로 두 번 정도가 좋다. 그리고 뛰면서 생각하면 된다. 처음부터 완벽이 어딨는가.

036

다카시마 데쓰지 지음 **잠자기 전 30분 공부법**

잠자기 전 뇌에게 주문을 걸어 놓자

'잠자는 동안에도 열심히 일하는 뇌를 위해 잠자리에 들기 전에 준비를 잘
해 두면, 뇌는 기꺼이 우리가 희망하는 활동을 부지런히 수행한다'는 사실
을 깨달았다.

우리가 잠을 잘 때에도 뇌는 일을 한다. 좀 쉬지 어떻게 일을 그렇게 할까? 뇌는 일중독이다. 하지만 뇌도 잠시 쉰다. 논렘수면 시에는 뇌도 쉰다. 논렘은 NON REM Non-rapid eye movement 은 눈이 빨리 움직이지 않는 상태의 수면을 말한다. 즉, 잠 잘 때 눈이 빨리 움직이면 뇌도 움직인다고 보면 된다. 선잠을 잔다고 보면 된다. 대신 깊은 잠에 빠지면 눈도 움직이지 않는다. 옆의 가족이 잘 때 한 번 봐라. 자는데 눈이 빠르게 움직이고 있으면 보통 그때 꿈을 꾼다고 보면 된다. 잠은 자는데, 뇌는 일하고 있는 상태다.

예전의 어떤 작가는 자기 전에 뇌에 주문을 걸었다고 한다. '뇌야 뇌야 내가 소설을 그럴싸한 걸 쓰고 싶은데, 나에게 좀 다오.' 실제로 뇌는 주인이 잘 때 일을 하였고, 주인은 일어나서 뇌가 써 준 그대로를 소설로 출판하였다고 한다. 그게 누군지는 기억나지 않는다. 이렇듯 이걸 이용해서 우리에게 좋은 쪽으로 뭔가를 만들어 낼 수는 없을까?

소원이 있는가? 살면서 뭔가 꼭 이루고 싶은 그런 것이 있는가? 누군가 당신에게 당신의 꿈은 뭔가요? 라고 물었을 때, 단 1초 만에 대답할 수 있는 그런 소원이 있는가? 이런 소원이 있다면 자기 전에 우리 뇌에게 주문을 걸어 놓자. '뇌야 뇌야 내가 ○○○이 되는 게 소원인데, 그 꿈을 이룰 수 있게 네가 좀 도와주겠니?' 매일 밤 자기 바로 직전에 한 번 해 보는 것은 어떨까? 종교를 가지고 있다면 자기 바로 직전에 기도를 해보는 것은 어떨까? 내 생각에 그 어떤 시간대보다 괜찮을 듯싶다.

이 책의 저자 다카시마 데쓰지는 50세부터 공부해서 91개의 자격증을 땄다고 한다. 잠자기 전에 공부하고 일어나서 잠시 복습하면 그대로 기억에 남는 공부법을 사용했다고 한다. 잠자기 직전에 공부한 것을 우리가 자는 동안 뇌는 분야별로, 구역별로 정리하는 작업을 한다는 것이다. 그리고 아침에 일어나자마자 그걸 다시 복습하면 암기가 쉽게 된다고 하니 도움은 될 것이다.

예전 군대에 있을 때였다. 나는 원래 꿈을 꾸지 않는다. 잠을 깊게 자기 때문이다. 그러나 군대에서는 그리 깊게 자지는 못하였다. 매일 밤마다 그날 한 일과를 꿈에서 그대로 재생하였다. 한두 번이 아니었다. 오늘 삽질한 거, 담가 나른 거, 마대 쌓는 거, 총검술 한 거, 군장 싼 거, 훈련받은 거, 총 쏜 거 등등 군대에서 했던 하루 일과를 잠자면서 다시 복습했던 것이다. 정말 이상한 경험이라고 생각했는데, 이 책을 읽으면서 알았다. 우리가 잘 때 뇌는 다시 한 번 복습하면서 기억을 해 놓는 것이다. 군대에 있으니 긴장했을 테고, 뇌는 우리 주인이 긴장할 정도면 꽤 중요한 정보겠구나 싶어 다시금 내가 잘 때 뇌는 놀지 않고 복습했던 것이다. 이런 뇌를 지금보다 조금만 더 활용한다면 더 좋은 성과를 낼 것으로 믿는다. 오늘부터 자기 전에 뇌에게 주문을 해 놓자.

당신이 누구이든 간에 당신의 최고의 삶을 살 수 있다. 그리고 그 길은 남과 같이 되고, 남과의 경쟁에서 승리하는 길이 아닌 가장 자기 자신다운 차별화된 유일한 자기 자신이 되는 길이다.

남과 다르게 생각할 수 있는 좋은 방법은 무엇을 보든 간에 그것을 태어나서 맨 처음 보는 듯한 느낌을 갖는 것이다.

남들과 경쟁해서 짓밟고 일어나는 삶은 구역질 난다. 얼마나 못났길래 자신이 살기 위해 남의 등을 처먹고 사는가. 꼭 그렇게 살아야만 하는가. 억만금을 준다 해도 그런 삶은 소름 끼친다. 과거 일제 식민지 시절에 남들 등쳐먹고 살다 간 친일파와 뭐가 다르단 말인가. 그들은 선한 우리 대다수의 민족을 일제에 팔아먹고 자신과 자신 가족의 안위만을 위해 산 자들이다. 전혀 멋져 보이지 않는다. 그런 돈으로 배불리 가족을 먹여살려도 자식으로 그 아비를 존경할 수는 없을 것이다. 자신이 살기 위해 남을 죽이는 짓은 아주 유치한 짓거리일 뿐이다.

같이 살고 싶다. 도와주고 끌어 주고 밀어 주는 사회가 정겹다. 저놈을 꺾고서 내가 1등 해야지가 아닌, 더불어 사는 사회를 동경한다. 뺏고 뺏기는 제로섬 게임이 아니라 더불어 나누는 삶, 모두가 행복한 삶을 꿈꾼다. 더 이상 경쟁으로 남을 죽여 날 살리지는 않겠다.

못난 놈들만 경쟁하는 거다. 같은 기준을 잡아 놓고 획일화된 기준에 맞춰 살다 보니 경쟁할 수밖에 없다. 국어, 영어, 수학이라는 기준으로 일렬종대로 세워 버리니 경쟁을 할 수밖에 없는 시스템 속에 갇혀 버린 것이다. 어려서부터 우린 그렇게 배우고 자랐다. 잘못된 거다. 개성을 죽이는 교육을 받았고, 평가받았다. 국, 영, 수를 잘하는 친구들만 대우를 받았다. 물론 지금도 그렇지만, 이제는 좀 변해야 한다.

경쟁이 아니라면 다른 대안이 있는가? 개성을 챙기면 된다. 기준 하나로 모든 사람들이 몰려서 경쟁하는 것이 아니라, 기준을 여러 개로 만들면 된다. 미술을 좋아하면 미술을 하면 되고, 음악을 좋아하면 음악을 하면 된다. 모든 사람이 다 국, 영, 수를 할 필요는 없다. 진정 자기다운 삶을 영위할 때 세상은 경쟁 없이 더불어 살 수 있게 된다.

남과 차별화된다는 것은 한마디로 정의하면 오로지 나 자신이 된다는 의미다. 나 자신이 되기 때문에 경쟁이 필요 없어진다. 경쟁할 때 옆에 있던 친구는 적이었지만, 오로지 자기 자신이 되려고 노력하면 옆에 친구는 진짜 친구가 된다. 각자의 기준과 잣대가 다르기 때문이다. 너는 너대로 살고, 나는 나대로 사는 삶이다. 국,영,수의 기준이 아닌 각자의 기준으로 사는 삶은 다양성을 인정하기에 보다 민주적이다.

모두가 의사가 되고, 변호사가 되는 것을 꿈꾸는 사회보다는 정말 자기 자신이 무엇을 필요로 하는지 정확히 아는 사람들이 늘어갈 때 이 사회는 보다 풍요롭게 될 것이다. 취미도 흥미도 관심도 없는 국, 영,수를 잡고 인생을 사는 것보다는 정말 자신이 무엇을 좋아하는지 알고 그것을 이루기 위해 노력하는 삶을 살아야 한다. 나중에 꿈을 이루지 못하였다손 치더라도 죽는 순간 절대 후회하지는 않을 것이다. 어차피 인생은 한 번뿐이지 않은가.

KFC의 창업주, 커넬 샌더스. 살면서 수많은 실패를 겪어 온 그는 다시 한 번 도전해 보겠다는 굳은 결의로 육십 대 중반의 나이에 자신이 개발한 치킨 조리법을 갖고 동업자를 찾아다녔으나 무려 1,008번이나 거절을 당했다고 한다. 그리고 1,009번째에 드디어 자신의 조리법을 사겠다는 동업자를 만난 샌더스. 당시 그의 나이, 예순일곱이었다.

우리는 샌더스보다 나이가 많은가? 우리는 샌더스의 1,008번보다 더 많은 도전을 해 본 적이 있는가? 아니 그처럼 할 수 있는가? 앞으로는 적어도 샌더스 정도는 해보고 나서 포기해야겠다는 생각이 든다. 67세, 1008번을 잊어서는 안 되겠다.

살면서 이루지 못한 일들은 모두 포기했기 때문이다. 혹은 시도조차 하지 않았기 때문이다. 나이 때문에, 상황 때문에, 돈 때문에, 시간 때문에 등등의 이유를 대면서 시도조차 하지 못했던 적이 얼마나 많았던가. 또한 하다가도 여러 가지 핑계를 대면서 도중 포기했던 일이 얼마나 많았던가. 샌더스가 만약 1,007번에서 포기했다면 우리는 KFC를 맛보지 못했을 것이다. 샌더스는 1,009번째 거절을 당했어도 아마 계속 도전을 해나갔을 것이다. 될 때까지 했을 것이다. 인디언들이 기우제를 지내면 반드시 비가 온다고 한다. 왜? 비가 올 때까지 기우제를 지내기 때문이다.

원하는 바가 있다면 반드시 될 때까지 해 보자. 샌더스의 경우도 자신의 치킨 조리법에 대해서 의구심이 많이 들었을 것이다. 내 생각에는 최고의 조리법인데 왜 많은 사람들이 나를 몰라 줄까. 내 조리법이 진짜 이상한가? 이런 의구심이 들었을 것이다. 그럼에도 불구하고 그는 계속 자신을 믿고 계속 도전해 나갔다. 자신을 믿는다는 것, 이것이 바로 자신감이다. 성공한 사람들은 죄다 자신감이 있었다고 한다. 자신감이 있다고 다 성공하는 것은 아니지만 성공한 사람들은 자신을 믿었다고 한다.

자신을 믿는 마음이 없으면 포기하지 않고 끝까지 도전할 수 없다. 정말 자신이 믿는 바가 있을 때만 가능한 법이다. 대충 만들어 놓고서 어느 호구 하나는 날 믿어 주겠지 하는 마음은 도둑놈 심보다. 이건 자신감이 아닌 사기다. 본인을 믿는 마음이 있고, 그걸 끝까지 포기하지 않을 때 성공을 할 수 있는 것이다.

또한 늦은 나이란 없다. 나이는 물리적인 시간적 개념일 뿐이다. 몸이야 늙을 수는 있어도 정신이 늙을 수는 없다. 정신을 몸에 기대 살 필요가 없다. 오히려 정신은 더욱 발전한다. 그간의 경험과 노하우를 바탕으로 더 많은 것을 창조해낼 수 있다. 세상을 살아오면서 깨지고 터진 경험을 바탕으로 더 단단해질 수 있는 것이다. 죽는 순간까지 끝까지 최선을 다해야겠다. 자신이 믿는 바를 끝까지 관철시키기 위해 노력도 해야겠다.

프랭크 맥코트는 60세가 넘는 나이에 글을 쓰기 시작해 퓰리처상을 받았다. 샌더스도 67세에 KFC를 만들었다. 모제스 할머니도 67세부터 그림을 그리기 시작해 미국의 대표적인 민속화가가 되었다.

039

시간 사용법

M.토게이어 지음, 주덕명 역 **영원히 살 것처럼 배우고 내일 죽을 것처럼 살아라**

시간은 돈보다도 훨씬 중요하다. 시간과 돈은 전혀 비슷하지 않다. 왜냐하면 돈은 모아 두었다가 필요할 때 쓸 수 있으나 시간은 전혀 불가능하다. 한 번 잃어버린 시간은 돌이킬 수가 없다.

시간을 흔히 돈에 비유한다. 시간은 돈이다. 하지만 시간은 돈과 전혀 성질이 다르다. 돈은 모을 수 있으나 시간은 모을 수 없기 때문이다. 그렇다면 시간을 붙잡는 방법은 전혀 없는 것일까? 유익하게 시간을 보내는 것으로 만족해야만 한다. 이게 가장 최선은 아니지만 충분히 공허감을 메울 수는 있다.

유익한 것은 생산적인 것과 같은 의미다. 무엇인가를 생산하는 데 시간을 사용하면 그 시간이 아깝지 않게 된다. 책을 좋아하면 독서를 하여 마음의 양식과 지식, 지혜를 쌓을 수 있고, 종이접기를 좋아하면 거북이나 학을 접어 생산해낼 수 있다. 뜨개질을 해서 옷을 만들어 낸다든지, 시간을 쪼개서 쪽글을 써 모은다든지, 음식을 해서 사랑하는 사람에게 대접하는 식의 생산적인 일을 하게 되면 시간의 무구한 흐름에 대한 불안감이 다소나마 해소되지 않을까.

040

김하 편역 지음 **탈무드 처세집**

꾸준한 놈은 못 이긴다

그는 매일 아침 30분 일찍 일어나 영어 공부에 매달렸다. 매일 카세트테이프를 들으며 발음과 듣기를 연습했다. 출퇴근시간에 차로 이동하면서도 수시로 반복했다. 그렇게 1년이 지나가 실력이 몰라보게 향상되었고, 나중에는 외국인과도 자연스럽게 대화할 정도로 수준이 올라갔다. 그에게 물었다. 영어 공부를 시작한 다음 가장 힘들었던 때가 언제냐고. 그러자 그는 시작하고 나서 한 달 정도라고 했다. 그 후로는 습관이 되어 별다른 어려움이 없었다고.

좋아하는 놈보다 즐기는 놈보다 센 놈은 매일 하는 놈이다. 이건 내 주장이다. 매일 꾸준히 하는 놈은 반드시 승리한다. 아무리 천재적인 역량을 가졌어도, 꾸준히 하지 못하면 단순히 빤짝만 할 뿐이지 끝에 가선 승리의 축배를 들지 못하게 된다. 역으로 우둔한 능력을 가진 자도 매일 꾸준히 뭔가를 한다면 끝에 가서는 결국 승리자가 된다.

즐기는 자가 센 이유는 꾸준히 하기 때문이다. 짬 나는 대로 하고, 또 짬이 안 나면 짬을 내서 또 한다. 그러니 그런 놈을 어떻게 이기겠는가. 한편 즐기지 못해도 억지라도 매일 꾸준히 한다면, 그 또한 이길 수 없다. 억지로 하든, 즐기든 뭔가를 매일 한다면 대개 일가를 이룰 수 있다.

꾸준히 하는 것이 매 순간 어려운 것만은 아닌 것 같다. 습관만 들이면 그 후로는 자동적으로 되니까 말이다. 어떤 책에서 본 건데, 21일만 매일 하다 보면 습관이 된다고 한다. 습관을 만들기까지가 어려운 것이지 습관만 되면 자동으로 되어 버리니, 이 얼마나 쉬운 일인가. 21일만 버티면 된다.

041 김진애 지음 한 번은 독해져라
간절하면 독해진다

『왜 공부하는가』라는 책에서 상세히 밝혔듯이 나는 고2 겨울방학에 '앞으로 1년 동안 오로지 공부만 할 거야!'라고 결단하고, 그 결단을 독하게 지켰던 경험이 있다.…(중략) 대단히 독한 1년이었다. 1주일에 한두 권씩 읽던 책 딱 끊고, 몰래 다니며 1주일에 한 편씩 보던 영화 딱 끊고, 저녁과 주말 TV마저도 딱 끊고, 오직 내 방 평상과 교실 책상만 오갔다. 학원에 다니지도 않았고 몇몇 친구들과 돌아가며 몇 과목에 대하여 그룹 과외를 했을 뿐이다. 세수하고 밥 먹고 버스 타는 시간 외에는 공부만 했다.

나는 치열하게 뭘 하거나 열심히 뭘 하는 것을 별로 좋아하지 않는다. 특히 단기간에 고도의 집중력을 발휘해서 뭔가를 만들어 내는 것을 반가워하지 않는다. 그보다는 '매일 조금씩' 찬찬히 깔짝대는 것을 좋아한다. 살다 보니 그게 나에게 맞는 스타일이란 것을 알았기 때문이다. 그래서 그런지 나는 온갖 시험에 무지 약하다. 단시일에 고도의 집중력을 발휘해서 공부하지 못하기 때문이다. 그래서 온갖 시험에 낙방하였다. 나에게는 매일 조금씩 하는 게 맞는 것이다.

그런데 이런 나에게도 '간절함'이 생겼을 때는 달라진다. 원대한 꿈을 세우고서 그것에 대해 정진하고 있지만 뭔가 지지부진한 느낌이 들면 단기간만이라도 독해지기 위해 노력한다. 일종의 '악센트'다. 이런 악센트가 필요한 이유는 길게 늘어지게 뭔가를 준비하다 보면 다소 느슨해지게 되기 때문이다. 예를 들어, 성공할 때까지 술 마시지 말아야지, 게임하지 말아야지 했던 각오들이 어느 틈엔가 무너져 있음을 발견하게 되는 것이다. 슬슬 나와 타협하게 되는 모습이 종종 보이는 것이다. 이럴 때 '악센트'가 필요하다. 다시금 나를 정상궤도로 끌어올려 놓는 작업이 필요한 거다. 오늘이 그랬다. '좀 더 악착같이 책 읽고, 좀 더 악착같이 글을 써야겠다'고 아침 샤워를 하면서 각오를 다잡았다. 내 꿈이 뭔가? 내 꿈을 이루기 위해 나는 매일 무엇을 하고 있는가? 에 대한 물음에 대답하지 못했다. 점점 느슨해지는 내 모습만 보였을 뿐이다. 물론 준비를 하지만 성에 차지 않았다. 그래서 다시금 나는 나를 다잡기로 했다. 책만 읽자. 다 끊고 다시 초심으로 돌아가자. 내 꿈이 이루어지기까지 계속 이 패턴을 유지하자.

나는 평시 인생을 좀 느슨하게 사는 편이다. 대신, 하고 싶은 것은 꼭 '깔짝'인다. 그 정도면 됐다고 생각하고 큰 욕심을 내지 않는다. 어차피 욕심낸다 해도 제대로 할 수 없음을 알기 때문이다. 작심삼일은 오래 하는 거다. 작심 30분도 못하는 경우가 많기에 나는 '깔짝'거린다. 이렇게 '깔짝'만 거려도 시간이 지나면 가속도가 붙게 되는데, 그 흐름을 타기만 하면 종착역까지는 시간문제가 된다. 느긋하게 기다리기만 하면 되는 것이다. 그러다가 흐트러지는 모습이 발견되면 '악센트'를 준다. 부스터를 작동시켜 다시금 분발하는 것이다. 요 정도만 해주면 된다.

빈곤층에다가 심장병까지 있던 소년이 세계적인 축구 스타가 되었다. 바로 크리스티아누 호나우두다. 그는 이런 말을 했다.

"모든 것을 포기하고 단 한 가지에만 집중하면 성공한다. 하지만 사람들은 그렇지 못하다."

서정오 지음 **목마른 인생** **042**
사명을 알고 행하면
당장 죽어도 좋다

사명이란 목숨 걸고 해야 할 일이고, 죽기 전에 꼭 해야 할 일입니다. 그래서 사명을 버린 사람, 사명을 피해서 도망가는 인생은 결코 행복할 수 없습니다. 그러나 사명을 완수한 사람은 최고의 행복을 경험하게 됩니다. 죽음 앞에서도 미소를 지을 수 있습니다. 사명을 완수한 사람은 '이젠 죽어도 좋은 사람', '죽어도 여한이 없는 사람'인 것입니다. 따라서 오직 사명을 완수한 사람만이 할 수 있는 말이 있습니다. "다 이루었다. 이젠 죽어도 좋다."

자신이 왜 태어났는지 아는 사람은 행복한 사람이다. 나는 왜 태어났을까? 부모님이 사랑을 해서 그 결실로 인해 그냥 태어난 것인가? 3억 분의 1의 경쟁률을 뚫고 태어났는데 그만한 이유는 있어야 하지 않을까 싶다. '왜 태어났을까'에 대한 질문을 달리하면 나의 사명은 무엇인가로 볼 수 있다. 태가 태어난 이유는 내 사명을 완수하기 위해 태어난 것이다.

즉, 자신이 왜 태어났는지 아는 사람은 자신의 사명을 아는 사람이다. 이들은 행복한 사람이다. 근데 이런 사람들이 많지는 않다. 그냥 시간에 이끌려 사는 사람들이 더 많다. 여덟 살이 됐으니까 초등학교에 들어가는 것이고, 스무 살이 됐으니까 대학교에 가는 것이고, 나이 찼으니까 결혼하는 것이고, 자식 장가보내는 것이고, 늙었으니까 아프다가 죽는 것이다, 라고 생각하는 사람은 불행한 사람이다. 왜 태어났는지 모르는 사람은 그냥 이처럼 시간에 이끌려 살게 된다. 허망한 삶일 뿐이다.

모든 질문에 대답할 필요는 없지만, 반드시 대답하고 넘어가야 할 것은 '내가 왜 태어났는가? 나의 사명은 무엇인가?'에 대한 답이다. 반드시 알아야만 한다. 모르면 알 때까지 고민해야 한다. 자신의 사명을 아는 나이가 열 살이 될 수도 있고, 예순 살이 될 수도 있다. 그건 문제가 되지 않는다. 죽기 전까지만 알아채도 행복한 삶이다.

자신의 사명을 온전히 알아챘다면 다음으로 그것을 이루기 위해 살면 된다. 죽을 때까지 그 사명을 완수하지 못하더라도 상관없다. 사실 사명은 어떤 결과물이 아니다. 사명은 과정이다. 앞 책의 저자처럼 예수를 알게 되어 예수님의 말씀을 잘 듣고 사는 삶을 사명으로 여겼다면, 매일 그렇게 사는 삶이 목표요, 과정이 되는 것이다. 자신의 사명을 축구로 삼은 사람은 축구하는 그 자체에서 행복감을 느끼게 된다. 축구선수로 대성을 하느냐 못하느냐는 크게 상관이 없는 것이다.

나는 나의 사명을 책을 읽으면서 알게 되었다(나는 원래 책을 싫어했다). 그러다가 책을 읽기 시작하면서 책 속에 있는 정보, 지혜 등을 쏙쏙 빨아마셨다. 그러면서 자연스럽게 내 사명을 알게 되었다. 나의 사명은 '읽고 쓰기'였다. 책 읽는 것에서 무한한 행복감을 느꼈고, 글을 쓰면서 황홀함을 느꼈다. 작가로서 성공을 하느냐 못하느냐는 중요치 않은 것이다. 그저 읽고 쓰는 행위, 그 자체가 나에게 지극한 행복감을 주는 것이다. 아직도 빨아야 할 게 엄청나게 많아서 참 행복하다. 아직도 써야 할 게 너무 많아서 행복하다.

043
유시민 지음 **어떻게 살 것인가**

자신의 나무를 타라

어떻게 살 것인가

세상에는 오르지 못할 나무가 너무나 많다. 곳곳에 '넘을 수 없는 4차원의 벽'이 서 있다. 도전하지도 않고 포기하는 것도 어리석지만, 오르지 못할 나무와 넘을 수 없는 벽에 매달려 인생을 소모하는 것 역시 어리석다. 모든 나무와 모든 벽을 오르고 넘어서야 행복한 삶, 성공하는 인생을 살 수 있는 게 아니다. 내게 적합한 나무, 노력하면 넘을 수 있고 넘는 게 즐거운 벽을 잘 골라야 한다. 그렇게 해야 인생이라는 '너무 짧은 여행'을 후회 없이 즐길 수 있다.

아무리 천재라 해도 모든 것을 다 잘할 수는 없다. 평범한 사람보다야 몇 가지 더 특출나게 잘 할 수는 있겠지만, 모든 것을 다 잘할 수는 없는 것이다. 그런데 천재는 많은 것을 잘해서 또 곤혹스럽다. 무엇을 할지 쉽게 결정하지 못하기 때문이다. 영어를 잘하니까 외교관이 될까. 달리기를 잘하니까 육상 선수가 될까. 동시에 될 수는 없고. 여러 가지로 고민이 될 터.

하지만 우리 같은 범부들은 그런 고민이 없으니 일단 좋다. 생각해 봐라 얼마나 피곤하겠는가. 하지만 한 가지도 제대로 못하는 우리에겐 또 다른 고민이 있다. 무엇을 할 것인가. 잘하는 게 하나도 없는 거 같은데, 도대체 무얼 해야 할 것인가 고민이 된다. 천재는 행복한 고민을 하지만, 우리 범부는 치열한 고민이 필요해진다.

그래도 고민하다 보면 떡 하니 나오게 되어있다. 아무리 못난 사람도 뭔가 잘하는 게 있다. 잘은 못해도 재미있거나 관심이 가는 분야가 있다. 그게 바로 자신의 나무다. 자신이 죽을 때까지 탈 나무란 말이다. 그 나무만 잡고 타면 된다. 다른 나무는 다른 사람이 타도록 내버려두면 된다. 모든 나무를 다 탈 필요도 없다. 이미 세상은 분업화가 다 이루어졌기 때문이다.

어떤 사람들은 이제 한 분야만 갖고는 부족하다고 말한다. 이런.

아니 한 분야도 제대로 섭렵하지 못했는데, 다른 분야도 잘해야 된다고? 사는 게 점점 어려워진다. 적어도 두세 나무는 타야 잘 살 수 있다고 주장한다. 우리에겐 너무나 벅찬 요구라는 생각이 든다. 한 나무타기도 힘들어 죽겠는데 말이다. 쉽게 생각하자. 그들은 천재들이다. 몇 가지 분야에서 특출난 재능을 가진 자들이다. 그들의 삶을 살아가도록 우리 범부들은 그냥 지켜보자. 내 나무만 잘 타도 괜찮은 거다.

멘토의
역할

죽음의 미래

소 년 은
늦 지
않 는 다

공개 특강 참도동 및 교수님들의 다양한 강의
"자네, 참삶을 살고있나?"
어느
특별한
재수강

인문학자 9인의 열정을 이기는 인문학 병장회
김석하 김영민 고미숙 노영득 문석한 이명저 최진석 하태림

삼난얼굴로
돌아보라

박
수
근

살아 있는 동안
꼭 해야할 101가지
모두가 행복할 수 있는 101가지 지혜

공지영의
수도원
기행

나는
오늘부터
나를
믿기로
했다

열정이 있는 일터

당근농장
이야기

자기세상을
만들 용기
"저질러라, 꿈이 있다면!"

어떻게
원하는 삶을
살 것인가
불멸의 인생 멘토, 내 안의 지배를 깨우다

조정래
사진 여행
길
문학인생 45년, 그 추억의 조각들

허
수
아
비
춤
조정래
장편소설

박
보
경

무일푼 막노동꾼
내가 글을 쓰는
이유
그리고 당신이
꿈을 써야하는 이유

4부

삶을 대하는 자세

모름지기 우리 영혼 속에 창조주이신 하나님만이 나를 지배하여 주옵소
서! 할 뿐, 나는 피조물이기 때문에.

전덕기 시인(女)은 기독교인이고, 나는 천주교인이지만 같은 신을 모시는 형제로서 그녀의 기도문이 너무나 마음에 들어서 받아 적어 놨다. '나를 지배하여 주옵소서'라는 대목은 압권이다. 비종교인이 들으면 '우웩'하고 토 나올 만한 소리이겠지만, 좀 잠자코 들어 보자. 싫으면 이 꼭지는 건너뛰자.

나는 천주교인이 된 지 3년 정도 되었다. 세례를 받기 전에는 나 또한 종교적인 색깔이 들어간 글은 거들떠보지도 않았다. 그냥 싫었다. 종교적인 색깔을 뺀 수천 권의 자기 계발 서적을 탐독하면서 깨닫게 되었다. 결국 종교로 가는구나. 그래서 택한 것이 천주교였다.

개신교도 접해 봤고, 불교도 접해 봤지만, 내게 딱 맞는 종교는 천주교였다. 나를 단속시키는 최고의 자기 계발이었다. 성서의 말씀, 신부님의 강론 등을 통해서 매일 나를 단속할 수 있었다. 의지력이 약한 나로서는 이보다 좋은 스승이 없었다. 정의를 위하는 자세, 평화를 바라는 마음, 이웃을 돌보고 사랑하자는 교리가 마음에 들었고, 자신을 채찍질할 수밖에 없는 '매일미사'(책)가 좋았다.

극악의 종교를 제외한 어떤 종교든 다 좋다고 생각한다. 자신의 취향에 맞는 종교를 택해서 따라 보자. 자신의 삶을 단속할 수 있고, 가치관을 정립할 수 있고, 갈팡질팡하던 것을 속시원히 해결할 수도 있고, 자녀 교육문제도 저절로 해결이 되고, 부부문제, 부모문제 등 모든 것이 저절로 해결될 수 있다. 미천한 내가 주님의 온전한 지배를 받기만 한다면 그게 바로 평화요, 천국이다.

그(다스칼로스)는 사람을 치료하는 데에 아주 예외적인 경우를 제외하고 환자들을 물리치는 적이 없었고 돈을 받는 일은 더 더욱이 없었다. 자신이 하는 모든 일은 사랑이 본질인 이 우주 혹은 우주의식이 하는 일인지라 대가를 바라는 일은 우주 질서에 맞지 않는다는 것이다.

위 글에서 자신의 종교나 신념에 맞게 '우주'라는 단어를 '신'이나 '하느님' 혹은 '신념'으로 바꿔 보자. 뭐 그냥 '우주'라고 생각해도 좋다. 어떻든 간에, 뭔가를 하는데 대가를 바라지 않고 하는 일은 정말로 값어치 있다.

우리는 하루 종일 살아가면서 알게 모르게 경제활동을 하고 있다. 돈을 쓰고, 돈을 번다. 그런데, 돈을 벌 때 몇 번쯤은 그냥 공짜로 베풀면 어떨까를 생각해 보자. 돈을 벌기 위해서 하는 일이 아닌, 대가 없이 그저 그냥 하는 맘으로 말이다.

요즘 유행하는 말로, 재능 기부가 여기에 속한다. 자신이 가진 재능을 무료로 사람들에게 베푸는 일이다. 대가를 바라지 않고 그저 봉사하는 마음으로 일하는 사람을 보면 존경심이 우러나온다. 본인의 이득을 바라지 않고, 세상을 좀 더 좋은 곳으로 바꿀 수 있는 행위는 아름다운 것이다.

먹고살기 힘든 건 사실이다. 이런 판에 무슨 대가를 바라지 않는 삶을 살 수 있느냐고 반문하는 이도 있을 줄 안다. 그래 나도 다 인정한다. 그러나 한 번쯤, 더 나아가 몇 번쯤은 무료로, 대가 없이, 그냥 베풀어 보자고 다짐 정도는 할 수 있지 않겠는가. 그건 누구나 가능하다.

수색을 마친 소년은 서랍과 문짝을 남김없이 빼고 떼어내 바닥에 늘어놓은 뒤 손도끼로 하나씩 쪼갰다. 서랍 하나면 한 시간, 문짝 하나면 하루치의 한기를 감당할 수 있었다. 도끼를 내리칠 때마다 나무 쪼개지는 소리가 쩍쩍 울려 퍼졌다.

도끼질에 여념 없던 소년은 늑대 울음에 화들짝 놀라 밖을 바라보았다. 어느새 어둑어둑했다. 늑대들은 어둠을 틈타 산에서 내려오곤 했다. 소년은 쪼갠 나무를 나일론 끈으로 묶어 서둘러 카트에 담은 뒤 허둥지둥 밖으로 나섰다. 소년은 카트를 힘껏 밀며 놀이터를 가로질렀다. 녹슨 그넷줄이 바람에 흔들리며 끽끽거렸다.

나는 이런 재난류의 소설이나 영화를 좋아한다. 특히 늑대들이 나오는 영화를 좋아한다. 왜냐면 공포스럽기 때문이다. 지구의 종말이 코앞에 닥쳐서 다들 헐벗고 거기서 어떻게든 살아남기 위해 투쟁하는 일련의 행위들이 이상하게 나에게 쾌감을 준다. 『더 로드』라는 책도 그렇고, 『더 데이 애프터 투모로』라는 영화도 그렇다. 또 한편, 아들과 함께 나오는 영화나 소설을 좋아한다. 『빅 픽처』같은 책이나 『행복을 찾아서』 같은 영화를 좋아한다. 아들과의 이별이나 같이 고난을 겪는 것에 이상하리만치 내 감수성이 자극된다.

이 지구는 언젠가는 없어진다. 대략 50억 년 남았다고 한다. 지구가 생기고 현재까지 약 50억 년이 흘렀고, 이제 절반을 지나고 있는 시점이다. 지금까지 지구가 살아왔던 시간만큼 시간이 지나면 태양이 소멸하면서 자동적으로 지구의 생명체들도 없어지게 된다고 한다. 말이 50억 년이지 사실 무한의 시간과 마찬가지다. 인류에게 많은 시간이 허락되어 있는데, 과연 그때까지 인류가 버텨 낼 수 있을지 궁금하다. 공룡처럼 멸종될 것이 뻔하기 때문이다. 따라서 태양이 늙어 지구의 생명체가 없어지기 전에 어떠한 이유로 인해 인류는 멸망의 길에 들어서게 되는데, 과학의 발전을 통해 인류는 또 다른 해결책을 만들어 낼 것이다. 영화 〈인터스텔라〉에서 주인공이 말한 것처럼. '우린 답을 찾을 거야. 늘 그랬듯이.' 『소설 빠삐용』에서처럼 지구를 떠나 다른 별을 찾아 나설 것이다.

요즘은 100세 시대다. 교통사고나 큰 질병이 없으면 거의 백 살까지 살 수 있는 시대가 도래했다. 오래 사는 것이 어릴 적엔 소원이었는데, 이젠 이게 걱정이 되었다. 그냥 일찍 죽으면 좋으련만 가진 것 없이 오래 사는 것을 상상하니 막막할 뿐이다. 물론 잘 사는 사람들에게는 희소식일지 모르겠으나, 대부분의 서민들에게는 그다지 좋은 일만은 아닐 것이다. 젊었을 때야 그럭저럭 벌어먹고 살지만, 늙어서는 여기도 아프고, 저기도 아프고, 돈 벌 데도 마땅치 않는 세상을 어찌 살아야 할까 걱정이다. 아들 녀석이 돈을 준다고는 하지만, 그 녀석도 자기 앞가림하려면 힘들 텐데 짐이나 되지 말아야지. 어느 누구는 그래도 나라가 먹여 살릴 것이니 걱정하지 말라고 하는데, 길 가다가 100만 원을 줍는 것을 믿고 말지 나라를 믿을까 싶다.

그래도 나는 재난류 소설의 주인공처럼 어찌어찌 살려고 발버둥 칠 것이 뻔하다. 지구의 종말이 가까워 왔다손 치더라도 어떻게든 하루를 버텨 내려고 노력할 것이 분명하다. 어떤 세상이 나에게 닥칠지 모르겠으나, 난 또 하루를 살아 내겠지. 죽는 순간까지 최선을 다해야지.

047

곽수일, 신영욱 지음 **어느 특별한 재수강**

나만의 속도로 가라

나의 삶과 성공을 다른 사람과 비교한다는 것 자체가 정말로 말도 안 되는 한심한 일임을 다시 한 번 깨닫게 되었다.

내가 무엇을 할 것인가를 결정할 때뿐 아니라, 얼마나 빨리 갈 것인가를 결정할 때도, 다른 사람에게 맞추는 것이 아닌 나 자신의 페이스를 찾아 그에 맞게 가야 한다. 다른 사람의 페이스를 쫓아가다 보면 결국 허덕대다가 낙오하게 되지만, 나의 페이스대로 묵묵히 가다 보면 두 팔 벌려 나를 맞아 주는 정상을 만나게 될 것이다.

남과 비교하는 삶이 제일 멍청이 같은 삶이다. 모든 사람의 얼굴이 각각 다르듯이 모든 사람의 삶도 당연히 다르다. 비싼 고급 승용차를 타는 사람과 나를 비교해서 그를 부러워하고, 50평의 너른 아파트에 사는 사람과 나를 비교해서 그를 부러워하는 것만큼 지는 게임도 없다. 비교는 과거의 자신과 비교해야지 남과 비교해서는 안 되기 때문이다.

인간의 욕심은 끝이 없다. 사택에 살면서 내 집을 갖고 싶었다. 내 집에 살고 싶어졌다. 25평 아파트를 구해 나왔다. 너무나 즐겁고 좋았다. 사택보다 넓은 거실과 주방이 너무나 마음에 들었다. 어찌 좁디 좁은 사택에서 살았는가 싶었다. 그런데 한 1년쯤 지나니까 이놈의 집구석이 왠지 비좁게 느껴졌다. 25평으로는 성이 안 차는 것이었다. 아니 1년 전만 해도 25평이면 정말 넓다고 생각했었는데, 지금은 30평에 사는 사람들이 부러워졌다. 인간의 마음은 이렇듯 간사하여 욕심이 끝도 없다. 만약 30평대로 이사를 간다 한들 1년 후면 40평대를 사람들과 비교하게 될 것이고, 또 그들을 부러워할 것이다.

물론 비슷한 얼굴을 가진 사람이 있듯이 비슷한 인생을 살기도 한다. 하지만 정확하게 일치하지는 않는다. 각자의 아버지와 어머니가 다르듯이 모든 사람의 인생은 마찬가지로 다르기 때문이다. 하물며 한 배에서 태어난 동기들 사이도 다 다르지 않던가. 남과 비교해서 거기에 쇼크 먹고 힘들어하는 삶은 스스로 패자가 되는 길을 걷고 있는 것이다.

현대를 살아가면서 어찌 눈이 있고 귀가 있는데 남들을 보지도 듣지도 않을 수 있겠는가. 자연스럽게 비교하게 되고 부러워하게 되는 것이겠지. 그렇지만 그게 정답이 아닌 것을 알았으므로 그냥 흘려버릴 수 있는 지혜도 생겼으리라. 내 인생의 걸음 속도가 얼마인지를 알고서 나만의 속도로 인생을 살아내 보는 거다. 어제보다 좀 더 나은 삶을 살고자 어제의 나와 비교하면서 한 발 한 발 나은 삶은 살다 보면, 그게 바로 이기는 게임을 하는 승자가 되는 것이다.

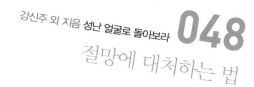

언제 희망이 안 보이나요? 무엇보다 먼저 전쟁이 떠오르네요. 자, 목숨이 경각에 달려 있습니다. 어디서 총알이 날아올지, 포탄이 쾅 하고 떨어질지 알 수 없어요. 사람답게 살기는커녕 짐승처럼 먹고사는 기본적인 욕구도 해결하기 어렵습니다. 그런데 말입니다, 뒤에서도 말하겠지만 오히려 전쟁 한복판에서는 희망의 끈을 놓지 않습니다. 자살률이 줄어들어요. 이상한 일이지요?

희망이 끊긴 상태를 절망이라고 한다. 희망이 없는 상태도 절망이다. 희망이 없으면 살 수 없다. 그래서 자살을 하게 되는 것이다. 희망의 다른 이름은 사랑이라고도 할 수 있다. 고로 사랑이 없으면 자살하게 되는 것이다.

근데 강신주가 말하기를, 오히려 극악한 바닥상태(전쟁통)라면 오히려 희망이 생긴다고 한다. 전쟁이 오려고 하는 전쟁 직전의 상태가 절망의 절정이라고 보는 것이다. 빳다를 맞는 순간보다는 빳다를 맞기 위해 기다리는 순간이 오히려 더 절망적인 순간이라고 표현한다.

여기에 명쾌한 답이 숨겨져 있는 것이다. 절망적인 상태에 빠지게 되면, 곧장 바닥을 치면 된다. 즉, 상황을 더 극악으로 안 좋게 하라는 얘기다. 서서히 하지 말고 급작스럽게 해야 오히려 공포심이 덜하다. 빳다 맞으려고 기다리는 시간이 길면 길수록 더욱 절망적이지 않았던가. 누가 날 때리려고 한다면 그냥 맞는 거다. 맞을까 말까 피할까 말까 고민 때리지 말고 척 맞아 버리는 게 더 속 편하고, 희망적이다.

이중섭의 일화를 보면, 생전에 단 몇 개월 미술 교사를 한 것 외에는 그는 직장을 가져 본 적이 없었다. 물론 그림으로 생을 꾸려 나가려는 생각은 추호도 갖지 않았다. 그의 절친한 친구가 신문 삽화를 그리도록 주선해 주었는데 끝내 그리지 못 하겠다고 팽개쳐 버렸다. 돈을 벌기 위해 그림을 그리지는 않았다. 그림으로 세상과 타협하려 하지 않았다.

연극을 무진장 좋아하던 지인이 있었다. 그래서 학교를 졸업하고 다시 연극학과에 들어갔다. 늦은 나이였지만 자신이 좋아하는 일을 할 수 있기에 좋아했다. 그러나 시간이 갈수록 이상한 것을 느꼈다. 그토록 좋아해서 왔는데, 점점 연극이 싫어졌다. 그는 결국 학교를 도중에 그만두었다.

자신이 좋아하는 일로 생계를 해결하는 것이 꼭 좋은 것만은 아니란 말이다. 야구를 좋아해서 프로 야구선수가 되면 그야말로 피 말리는 경쟁 체제 속으로 들어가게 된다. 그러면 야구를 즐기는 것인지 그곳에서 살아남기 위해서 발버둥 치는 것인지 혼돈이 오게 되고, 그 좋던 야구가 싫어지는 결과로 나타날 수도 있는 것이다. 어찌 보면 정말 좋아하는 것은 돈과 결부시키지 않는 게 더 나을지도 모르겠다.

만약 야구를 좋아하던 사람이 다른 직장을 통해 생계를 해결하고 야구는 완전히 자신만의 재미 삼아 하는 취미로서 존재한다면 그에게 야구는 삶 속에서 엄청난 위로와 재미로 남을 수 있는 것이다. 누구의 눈치도 볼 필요 없이 말 그래도 즐기면 그만일 뿐인 것이다. 승패에 연연할 필요도 없이, 돈에 구속됨도 없이.

음악도 마찬가지다. 그냥 음악 자체를 즐기면 되지만, 가수가 되거나 작곡가가 되어 음악을 돈에 결부시키게 되면 엄청난 스트레스로

오게 된다. 이번 노래가 히트를 칠지 말지부터 걱정하게 되어 내가 정말 음악을 좋아하는 건지 아닌지 헷갈리게 되고, 극단적으로 자살을 선택할 수도 있는 것이다.

세상과 타협하는 것엔 꼭 돈이 결부된다. 돈이 섞이게 되면 온전한 재미는 없어지는 것이다. 글 쓰는 것이 좋아 소설가가 되었는데, 자신이 쓴 글이 팔리지 않는다면 글 자체를 경멸하게 되면서 자기분열과 자학 행동이 나올 수도 있는 것이다. 하지만 돈과 연결되지 않으면 글 쓰는 것 그 자체를 오롯이 즐길 수 있게 된다. 팔리든 말든, 누가 읽든 말든 그 얼마나 자유스러운가.

물론 자신이 좋아하는 일로 생계를 해결하는 사람이 부럽기도 하다. 이왕이면 자신이 좋아하는 일을 해서 월 100만 원을 버는 것이 하기 싫은 일 억지로 해서 월 300만 원을 버는 것보단 낫다. 문제는 자신이 좋아하는 일로 월 100만 원을 벌 수 있느냐 없느냐다. 잘만 되면 전자가 낫다는 얘기다.

050

최창일 지음 **살아 있는 동안 꼭 해야 할 101가지**

삶의 속도를 줄이면
많은 것들이 보인다

느리게 걸으며 세상을 감상할 시간이 필요합니다. 느리게 걷는 것은 바쁜 삶 속에서 우리가 놓쳤던 것들의 소중함을 되찾아 줄 것입니다. 느리게 걸으면 이웃이 보이고 세상이 보이고 행복이 보입니다.

1976년생인 나는 어릴 적부터 빨리빨리에 길들여져 살았던 것 같다. PC통신이 보급되면서 인터넷을 하게 되었고, 각 통신사들의 경쟁에 의해 통신속도는 점차적으로 빨라지게 되었다. 빠른 통신속도를 가진 회사가 우위를 점할 수 있었고, 집에서 속도가 느리면 PC방으로 인터넷을 하러 갔다. 버퍼링에 짜증을 배워 갔다.

고등학교를 졸업하고서 삐삐가 생기더니 어느덧 PCS 시티폰이 생기고 군대를 갔다 오니까 모든 사람들이 핸드폰을 들고 다니는 세상이 되었다. 집에 전화를 걸어 '김우태입니다. 영식이네 집이죠, 영식이 좀 바꿔주세요'라는 전화예절을 완전히 대한민국 땅에서 없어졌다. 기다리는 시간을 대폭 줄여 놓은 것이다.

좀 더 시간이 지나니까 택배 서비스가 점점 빨라졌다. 3일 배송이 2일 배송으로, 그게 당일 배송까지 줄여 놓았다. 세상은 점점 빨리빨리를 외치며 폭주하고 있었다. 지금까지 살면서 내가 겪은 내 인생의 시나리오를 한 단어로 요약하자면, '단축'이 아닐까 싶다. 속도도, 시간도, 빨리 빨리.

그러다 보니 내 운전습관 또한 빨리빨리다. 빨리하는 것이 최고인 것으로 배워 왔기 때문이다. 일반도로의 80km 규정속도는 정말 최소한 내가 낼 수 있는 속도이지, 나의 규정속도는 100km 이상이었다. 백미러를 통해 뒤차와의 간격을 생각했고, 뒤차에게 방해가 되지 않을 만큼 빠르게 달려 주었다. 교통흐름에 방해가 되고 싶지 않았던 것이다. 빠른 속도를 내다 보니 앞차와의 간격, 뒤차와의 간격, 옆 차선 차와의 거리를 생각하며 달리기에 급급했다.

그러다가 어느 날, 아내가 내가 타는 차를 타면 멀미가 난다고 했다. 그 소리를 듣고 속도를 대폭 줄여 봤다. 규정속도 80km를 내 상한선 속도라고 생각하고 달려 봤다. 나의 전용 차선이었던 추월차선을 양보했고, 나는 갓길에서 제일 가까운 느린 차선을 이용했다. 처음엔 답답했다. 달리는 건지, 걷는 건지 헷갈렸다. 그러나 조금 더 달려 보니 뒤차와의 간격이 크게 신경 쓰이지 않았다. 앞차와의 간격도, 옆 차선의 차와의 간격도 큰 의미가 없었다. 모두 느리게 달렸기에 신경을 덜 쓸 수 있었던 것이다.

빠르게 달릴 때는 그리도 신경 쓰이던 것이, 속도를 늦추었더니 한결 운전이 편해졌다. 물론 속도는 떨어졌고, 시간은 늘어났다. 하지만 전에는 보지 못했던 것들이 보이기 시작했다. 산, 단풍, 누런 벼가 익는 마을, 노란 놀, 붉은 놀, 쟁반보다 큰 달이 보이기 시작했다. 속도를 내서 달리면 아싸리한 맛이 나고 뭔가 해낸 것 같은 성취감이 있다. 속도를 줄이면 보지 못했던 것을 볼 수 있어 인생이 풍요로워지고, 추억할 수 있는 것들이 생긴다. 무엇을 선택할 것인가.

그렇게 두 손을 모으고 있으려니, 내게 생을 두고 너무 많은 것을 바라고
있다고 충고하던 친구들의 목소리가 들려오는 듯했다. 사는 거 별거 아냐.
사는 데 대해 너무 많은 것을 바라지 말아. 그러면 너만 자꾸 다쳐…

그렇다. 나는 참 욕심이 없다. 욕심 없이 살았다. 그냥 그렇게 살았다. 오죽했으면 어머니, 아버지께서 욕심 좀 갖고 살아라, 라고 말씀하셨을까. 그래도 나는 욕심이 별로 없다. 사는 게 다 거기서 거기 아니겠는가. 나는 너무도 일찍 인생의 공허에 대해서 깨우쳤다. 물론 좋은 부모 밑에서 자라면서 뭐 부족한 것 없이 살았기에 그렇게 컸을 것이다. 특별히 부족한 것 모르고 비닐하우스의 수박처럼 잘 자라 왔다.

나는 거의 모든 사람들이 나와 비슷하다고 생각해 왔다. 남에 대해서 크게 관심이 없던 나에겐 그렇게 생각했었다. 그런데 사회에 나와보니 그게 아니었다. 정말 열심히들 살았다. 엄청히들 아드득바드득 살고 있었다. 하나라도 더 가지려고 욕심내는 모습을 보았다. 나는 그들의 모습을 보고서는 참으로 유치하다고 생각했다. 왜들 저렇게 산담. 좀 더 크게 대범하게 살아야지… 나이가 참 아깝다는 생각이 많이 들었다.

계속 그들과 접하면서 깨달았다. 그들은 어릴 적부터 굉장히 부족한 삶을 살았던 것이다. 먹고 싶은 것이 있어도 먹지 못했고, 수많은 형제들의 틈바구니에서 자신에게 떨어지는 것이 거의 없었기에, 아득바득 살지 않으면 과자 한 쪽이 자신의 입에 들어오지 않았던 것이다. 어릴 적부터 그런 경험이 체화되면서 그들은 강인해졌던 것이다.

그래, 그게 뭐 잘못된 것인가. 그들은 그들의 삶대로 살면 되고, 나도 나의 삶대로 살면 된다. 그런데 문제는 삶의 영역이 서로 겹쳤을 때 생긴다. 내가 치이는 것이다. 그들이 하도 악독하여 내가 치이는 경우가 왕왕 생기게 된다는 점이다. 처음엔 나는 봐줬다. 그런데 그런 일들이 자주 겹치면서 이건 아니다 싶은 거다. 즉 나를 방어할 필요가 생긴 것이었다. 그래도 본연적인 내 삶의 태도를 바꾸고 싶지는 않았다. 내 아들에게도 그렇게 교육 시키고 싶지도 않았다.

나는 삶에 대해 너무 많은 것을 바라지는 않는다. 적당히 건강하고, 적당히 돈 좀 있고, 적당히 살다가 갔으면 한다. 그래도 결코 포기하지 못하고, 결코 다른 사람에게 양보하기도 싫고, 이것만은 꼭 이루고 싶은 소원은 하나 있다. 이 정도는 있어야 될 것 같다. 책을 많이 읽고 싶다. 많이 읽어서 많은 이야기를 하고 싶다. 책을 통해 내가 살아 있다는 느낌을 받고 싶다. 고작 요 정도뿐이다. 고작 요정도이기에 나는 많이 다칠 필요는 없다. 누군가 갖고 있는 소중한 꿈일 뿐이다. 이 정도 욕심내는 것은 욕심 축에도 끼지 못한다. 그 어느 누구에게도 방해받지 않고 자유롭게 꿀 수 있는 꿈이 있기에 이 험한 세상 살아갈 수 있는 것 아니겠는가.

052

우간린 지음 어떻게 원하는 삶을 살 것인가

자신의 능력을 넘어선 선행은 악이다

자신의 능력을 넘어 다른 사람을 도와주는 정신은 정말 고귀하다. 하지만 반드시 옳다고만 할 수는 없다. 자기가 질 수 없는 짐을 지게 되면 주저앉고 말 것이다.

선행이 다 좋은 것은 아니다. 자신의 분수에 맞는 선행이라야 뒤에 탈이 없다. 아무리 좋은 선행이라고 해도 한 달에 100만 원 버는데, 선행 활동비로 50만 원을 쓴다면 그게 과연 옳은 일이겠는가. 집안에 할 일이 태산인데도 선행한답시고 집안일 나 몰라라 하고 나가 휘도는 게 잘하는 일인가. 선행한답시고 남편 밥 안 주고, 밤늦게까지 싸돌아다니는 게 선행인가.

성당을 다니기 시작하면서 봉사에 대해 깊은 감명을 받았다. 주님을 모시는 사람으로서 '이웃을 내 몸같이 사랑하지'는 못할망정 선행을 하며 살자, 봉사를 하며 살자, 라는 생각이 들었다. 그래서 나와 아내는 교회 봉사단체에 가입하여 활동했다. 교회엔 봉사단체가 많았다. 제대회, 성가대, 빈첸시오회, 위령회, 자모회, 요한회 등등. 신앙심이 깊으신 분들은 여러 단체를 가입해서 열심히 활동하셨다. 우리 부부는 단체 하나에만 들어서 활동하고자 했다. 그 정도면 우리에게 딱 맞다 싶었다.

될 수 있으면 매일 미사에 참례하려 했고, 봉사활동도 열심히 하려 했다. 그런 우리의 모습을 좋게 보셨는지, 수녀님께서 아내에게 또 다른 임무를 주려고 하셨다. '아니 어떻게 세례 받은 지 얼마 되지 않고, 정말 아는 게 하나도 없는 우리에게?' 우리가 그렇게 열심히 활동하는 것처럼 보이시나? 아내는 부담을 느끼기 시작했다.

천주교에서는 '순명'이라는 말이 있다. 순명하겠나이다는 말씀을 듣겠나이다라는 뜻이다. 신부님은 주교님의 말씀에 따라 순명하겠나이다, 라고 말한다. 성직자들은 주님에게 순명하겠나이다라고 해야 한다. 일반 신자도 마찬가지다. 사제가 우리에게 무슨 일을 시킨다면 대체로 순명해야 하는 것이었다. 그게 가장 부담스러웠다. 어떻게 해야 하는가, 고민은 깊어졌다.

그러나 과부하였다. 아무리 생각해도 과부하였다. 활동을 더 하게 되면 늦은 밤에도 돌아다녀야 할 일이 생긴다. 또한 '성가정'을 이뤄야 하는데, 오히려 활동으로 인해 가족과 같이 보내는 시간이 줄어든다. 때로는 아이 밥을 지어 주지 못할 경우도 생긴다. 즉, 가정생활에 소홀해질 수가 있었던 것이다. 아직 우리에겐 그만한 일을 할 그릇이 못 되었다. 시간적인 여유도, 정신적인 여유도 없었던 것이다.

일단 순명하였다고 치자, 과연 그것이 얼마나 갈 수 있을 것인가. 아마 하긴 하되 울면서 해야 했을 것이다. 그게 하루 이틀 반복되면서 누적되어 결국엔 우리가 냉담자성당을 다니지 않는 신자가 될 가능성이 농후해짐을 직관적으로 알 수 있었다. 우리 부부는 이번만큼은 순명하지 않기로 했다. 내 분수 밖의 선행은 오히려 악이 될 가능성이 높다. 봉사한다고 하다가 오히려 가정 망치고, 불화가 끊이질 않을 수도 있는 것이다. 사실 지금도 벅차다. 조금만 천천히 다가가

기로 했다. 수녀님도 이해해 주시겠지.

부정적인 생각을 이겨내는 법

그녀는 얼마 전부터 달라져야겠다고 마음먹었다. 자신의 부정적인 패턴을 깨기 위해, 부정적인 생각이 떠오를 때마다 잘한 일 세 가지를 생각해 내기로 한 것이다. 그래서 이제 부정적인 생각들이 떠오르기 시작하면 의식적으로 자신이 이룬 성취와 성공들을 떠올린다.

부정적인 생각을 고치는 방법은 두 가지가 있다. 먼저 축구선수 송종국에게서 배운 방법이 있다. 그는 욕을 입에 달고 살았다고 한다. 그 버릇을 고치기 위해서 자나 깨나 밥 먹으나 쉬나 계속해서 '욕하지 말아야지'를 무한 반복했고, 오늘은 욕을 몇 번 했는지 체크했다. 그렇게 약 1년간을 하니까 욕하는 버릇을 없앴다고 했다. 다음 방법은 앞에서처럼 세 번 하는 방법이다. 송종국의 예에 대입해 보면, 욕을 하면 긍정적인 생각을 세 번 하는 것이다. 욕을 하면 오히려 착한 말을 세 번 더 하는 방법이다. 이 두 방법을 섞어서 하는 방법도 괜찮겠다. 욕을 한 번 하면, 바로 착한 말을 세 번 하면서 꾸준히 욕하지 말아야지를 외는 방법은 어떨까.

살다 보면 부정적인 생각이 파고들 때가 있다. 사실 상황은 벌어지지도 않았는데, 이미 머리가 돌기 시작한다. 그러면서 끊임없이 공포와 불안을 조성하게 된다. 이럴 땐 정말 머리를 없애고 싶어진다. 아니, 왜 벌어질지 아닐지도 모르는 일에 대해 괜한 걱정을 하고 있단 말인가. 나는 뇌에게 괜한 걱정하지 마라, 라고 명령을 내려 보지만, 이놈의 뇌는 스스로 생각을 해내서 나를 불안과 공포로 몰아넣곤 한다. 뭐 어쩔 수 없는 노릇이다. 뇌란 놈은 내가 잘 때도 스스로 움직여서 꿈을 꾸지 않는가. 통제할 수 없는 '나'다. 그렇기 때문에 앞의 방법이 필요하다.

사실 세 번도 부족한 느낌이다. 원래 악은 선보다 힘이 세다. 투명한 물이 담긴 병에 한 방울의 검은색 잉크를 떨어뜨려 보면 투명하던 물이 검은색으로 변하기 시작한다. 그러나 검은 잉크가 담긴 물에 투명한 물을 몇 방울 떨어뜨린다 해도 잉크의 색깔에 변함이 없다. 마찬가지로 우리의 깨끗한 영혼에 더러운 영혼이 한 방울 떨어지게 되면 금세 혼탁해진다. 더러운 영혼을 정화시키려면 그보다 몇 배의 깨끗한 영혼을 넣어야 한다.

걱정했던 일, 불안했던 일이 그대로 벌어지는 경우는 거의 없다. 99%는 거의 헛된 상상일 뿐인 것이다. 따라서 헛된 망상이 떠오르면 곧바로 떨쳐 버리고 좋은 생각을 세 번 하는 게 낫겠다. 그리고 따지고 보면, 걱정한다고 해결되지도 않는다. 걱정해서 해결될 거 같으면 걱정만 하고 있으면 된다.

공자가 열국을 돌아다닐 때 어느 나라인가에 억류된 적이 있었다고 한다. 그때 공자는 노래를 부르면서 즐겼고, 이를 의아하게 생각한 한 제자가 물었다고 한다.

"선생님, 우리 형편이 이런데 노래가 나옵니까?"
이 물음에 공자는 이렇게 말했다고 한다.
"그럼 걱정하면 뭐가 달라지니?"

054

텔레비전 끄기

나는 TV도 거의 보지 않고 라디오도 듣지 않는다. 대중미디어의 일방적
인 정보 주입을 거부하는 대신 필요한 것이 있으면 정보검색을 통해서 적
극적으로 취사선택한다. 어쩌면 오늘날 우리에게 꼭 필요한 능력은 정보
의 홍수에서 어느 정도 비켜나 있는 마음의 여유와 언제든 필요에 따라 지
식의 갈급을 채울 수 있는 지혜일 것이다.

텔레비전을 끊은 지 한 8년 되는 거 같다. 거의 보지 않았고, 정말 보고 싶은 프로그램은 컴퓨터로 다운받아서 봤다. 라디오도 거의 듣지 않았다. 뉴스조차도 거의 보지 않았고, 신문도 거의 보지 않고 살았다. 인터넷을 하거나 스마트폰질을 하다가 얻어걸리는 뉴스 정도나 봐 주었지 거의 닫고 살았다. 필요하지 않았기 때문이다.

그래도 뉴스 정도는 봐 줘야 세상이 어떻게 흘러가는지 알 수 있지 않을까 싶은 생각도 들긴 하지만 8년 안 보고 살아도 별 상관이 없었다. 누가 어디서 죽었는지, 어디서 폭발 사고가 났다든지, 강도가 나타나 어쨌다든지, 비행기가 추락했다든지, 정치인 누가 어떻게 되었다든지 사실 나랑 거의 상관이 없는 일들이다. 그리고 뉴스는 기분이 나쁜 것이 보고 있으면 스트레스만 받을 뿐이다. 거의 나쁜 소식이 주류를 이루기 때문이다. 뭐 하러 나와는 그다지 상관도 없는 일들에 대해서 주입식으로 정보를 흡입하면서 기분 나빠해야 하는가. 정말 필요한 정보는 백에 하나 정도 꼽을 정도다.

세금이 얼마가 올라간다, 휘발유 값이 얼마가 내린다, 국민연금이 조만간 고갈되어 나중엔 받지 못하게 된다, 필리핀에 폭설이 내렸다 등등은 빨리 알 필요도 없는 정보들이다. 닥치면 그때 가서 느껴도 되는 정보들이 수두룩하다. 근데 뭐 하러 꼬박꼬박 챙겨 보겠는가. 스트레스만 받을 뿐이지 남는 게 없다.

뉴스도 이 정도인데, 다른 텔레비전 프로그램은 말해서 뭐 하겠는가. 시간 낭비일 뿐이다. 에이핑크 멤버들 얼굴이 바꼈다는 둥, (누가 이혼했다는 둥) 아니 이게 나랑 뭔 상관이란 말인가. 정말 관심도 없는데 텔레비전에서는 그걸 관심 있게 조장하고 있다. 바보들은 텔레비전을 보면서 연예인 걱정을 한다.

우리 집엔 텔레비전이 없다. 8년 전에 아내와 합의해서 버렸다. 식구들이 서로의 얼굴은 보지 않고 텔레비전에 집중하는 모습이 싫었다. 텔레비전 속에서 나오는 소음 또한 너무도 내 귀를 아프게 했다. 거기서 나오는 시끌벅적한 소리는 내 정신을 쏙 빼놓았기에 생각할 시간을 가질 수 없었다. 우리 집에 텔레비전이 없는 걸 아는 지인들은 "아니, 텔레비전 없이 심심해서 어떻게 사냐?"고 묻는다. 나는 역으로 어떻게 텔레비전을 집에 놓고 제대로 살 수 있냐고 묻고 싶다. 텔레비전이 없어도 할 게 참 많다. 대화가 늘고, 독서시간이 생기고, 취미 생활을 할 수 있고, 공상을 할 수 있고, 강아지와 재밌게 놀아 줄 수 있으며, 아이와 많은 시간을 가질 수 있다. 밤늦도록 쇼 프로그램 챙겨 보면서 어떻게 제대로 된 가정생활을 하는지 그게 더 궁금하다.

스튜어트 에이버리 지음 **자기세상을 만들 용기**

**쟈기세상을
만들 용기**
"저질러라 꿈이 있다면!"

"당신에게 무슨 일이 '생기길' 기다리지 말고 뛰어나가 일을 저지르십시

오. 최상의 삶, 당신의 가슴 깊은 곳에서부터 강렬히 원하는 삶은 오직 당

신의 '선택' '확신' 그리고 '행동'에 의해서만 현실화 됩니다."

꿈을 이루기 위해서는 몸을 놀려야 한다. 백날 구들장만 붙잡고 R=VD를 하거나 시크릿의 '끌어당김의 법칙'을 하거나 하느님께 기도를 드려 봤자 소용없다. 결국은 몸으로 저질러야 뭐가 돼도 되는 것이다.

젊은이여 꿈을 크게 가져라, 젊은이여 야망을 가져라. 좋은 말이다. 그러나 행동화가 빠지면 망상가가 되고 만다. 꿈 없이 그냥 사는 이만도 못하게 된다. 과대망상증을 아는가? 과대망상증 환자가 되는 것이다. 하느님에게 로또 1등 당첨되게 해 달라고 천일 기도를 드려도 로또를 사지 않으면 절대로 당첨될 수 없다. 기도만으로는 그 어떤 것도 이룰 수 없다. 몸을 놀려야 한다. 이는 명백한 진실이다. 기도는 만능이 아니다.

행동화라는 말보다, 실천력, 실행력이라는 말보다 '저지르다'라는 말이 더 와닿는다. 이 책의 저자 조관일의 말처럼 '저질러 버려' 라는 말에는 힘이 느껴진다. '실천해 봐'라는 말보다 '저질러 버려'라는 말이 더 와닿는 이유는 실천에는 계획성, 섬세함, 주도 면밀함이 들어 있기 때문이다. 즉, 계획 잡다가 풀이 꺾여 결국은 실천할 수 없는 상황을 초래하게 된다. 그러나 '저질러'는 얼마나 멋진 말인가. 계획을 잡되 지치지 않는 선에서 잡고, 대강의 큰 줄기를 잡은 다음에 곧바로 돌진하는 것이 '저질러'다. 그 얼마나 멋진가. 공자가 말했듯이 두 번만 생각하고 곧장 뛰는 것이다. 그리고 뛰면서 생각하면 된다. 뛰면서 궤도를 수정하면 된다. 두 번 심사숙고하고 곧장 저지르자. 그리고 뛰면서 생각하자.

생각이 많은 사람은 실천력이 떨어진다. 계획을 너무 주도 면밀하게 잡으려고 하기 때문이다. 이런 사람의 맹점은 생각지도 못했던 돌발 상황이 발생되면 매우 곤혹스러워한다. 즉 멘붕멘탈붕괴에 빠진다. 그렇지만 뛰면서 생각하는 사람은 그다지 충격이 크지 않다. 어차피 이런 일이 발생할 줄 알았기 때문이다. 유연하게 생각하고 행동할 수 있다.

계획을 너무 치밀하게 세우면 나중에 생각지 못한 일을 당했을 때 멘붕이 온다. 계획은 크게 대충 잡는다. 그리고 유연하게 뛰면서 수정한다. 제일 중요한 것은 저지르는 것이다. 계획에 집착하지 말자. 대충 계획 잡혔으면 저지르자. 저지르면 또 그 때 상황에 맞게 뭔가가 이루어진다.

날마다 고등학교 입시를 앞둔 중 3을 가르치는 일에다 담임까지 하면서

잠시의 틈도 없고, 셋방살이를 빨리 면하려고 빚까지 내서 산 12평짜리 아

파트 때문에 경제적으로 쪼들리고 천상 글은 밤을 새워가며 쓸 수밖에 없

었다.

대한민국 최고의 작가라고 해도 손색이 없는 조정래 선생. 최근 뉴스에 나온 대로라면 대한민국 작가 중에 두 번째로 책을 많이 판 작가. 1위가 이문열이고 2위가 바로 조정래. 조정래 작가는 누적 판매 1,700만 권을 팔아 2위에 올랐다고 한다. 이문열은 삼국지 덕으로 2,000만 권 넘게 팔아 1위에 올랐으나, 삼국지가 온전한 창작이 아니었으므로, 순수 창작으로만 본다면 조정래 작가가 1위라고 할 수 있겠다. 미술의 피카소처럼 살아생전에 큰 영광을 누리고 산 행복한 작가다. 그런 그도 어려운 시절이 있었다.

생계 때문에 자신의 업인 '글' 쓸 시간이 없었던 것이다. 얼마나 힘들었을까. 글 쓰는 작가는 글을 못 쓰면 환장하게 된다. 평생 감옥에 산다고 해도 종이와 연필만 주어지면 버틸 것이다. 서너달을 글을 못 쓰고 있다가 토요일 저녁 맘먹고 글을 쓰기 시작해 날이 훤할 때까지 몰입하여 글을 쓴 작품이 중편소설 〈청산댁〉이라고 한다. 서너 달 글 못 쓰고 있다가 쓰게 되니 환장하고 썼을 것이다.

누구에게나 어려운 시절은 있다. 조정래 작가도 처음부터 잘 나가진 않았다. 그도 어려웠다. 그러므로 지금 어렵다고 포기하지 말자. 끝까지 붙잡고 늘어지는 이만 영광을 누릴 자격이 있다. 조정래가 글 쓰기를 포기하고 그냥 중학교 선생으로 만족하며 살았다면 어땠을까? 지금쯤 30평짜리 집 한 칸은 가질 수 있었을 것이다. 운이 좋았다면 교장으로 정년퇴직했을 것이다. 물론 그 삶도 남들 부러워할 만한 삶이지만 그는 그 길을 걷지 않았다.

걷고 싶어도 못 걸었을 것이다. 1973년 그의 나이 서른하나(한국나이)에 10월 유신으로 교직을 떠나게 된다. 그는 그 후로 〈월간문학〉 편집일을 했고, 그러면서 계속 글을 썼다. 1978년에는 도서출판 민예사를 설립하기도 했다. 여기서 중요한 것은 그는 계속 글을 썼다는 점이다. 그러면서 계속 작품을 발표하고, 출간하고, 상을 받고, 자신의 글을 영화화하고, TV에 극화하였다. 그리고 나이 마흔에 『태백산맥』을 집필하기 시작했다.

아무것도 가진 것 없는 이가 할 수 있는 유일한 일은 책 읽고 글 쓰는 일이 아닌가 싶다. 글 쓰는 재주가 없으면 책 읽기만이라도 해도 좋다. 그건 특별한 기술이 필요한 것이 아니기 때문이다. 한글을 알면 누구나 책 읽기는 가능하지 않겠는가. 어려운 시절을 버텨 낼 힘도 책 읽기를 통해서 얻을 수 있을 것이고, 돈도 많이 필요치 않는 것이 책 읽기가 아닐까. 설사 책 읽기를 통해 나중에 성공하지 못하더라도 책 읽는 자체의 가치는 그 무엇과 바꿀 수 있을까. 현실에 굴하지 말고, 끝까지 자신을 지켜나는 것이 가장 아름다운 삶이 아닐까 싶다. 내가 읽고 쓰는 일을 최고의 가치라 평하는 이유는 내가 그 일을 했을 때 궁극의 행복을 느끼기 때문이다. 지극히 편협한 가치관이다. 삶이 고단

해도 포기하지 말고, 계속 책 읽고 글을 써 나가자.

"예, 대표가 되는 것은 고문 변호사 때와는 달리 일광그룹과 정면으로 맞
서는 관계가 됩니다. 그건 바로 그들의 표적이 된다는 뜻이기도 하죠. 그
들의 표적으로서 전 변호사님의 약점이 무엇일까를 생각해 봤어요. 그런
데 딱 하나, 애주가라는 점이 마음에 걸렸어요. 주색, 술과 여자, 그게 그들
의 공격을 가해올 수 있는 전 변호사님의 허점이라는 거지요. 흔히 하는
수법으로 그들이 술자리를 이용해 전 변호사님에게 미인계를 쓸 수 있다
는 겁니다. 여자 데리고 술 마시는 일이 보통사람들에게는 아무렇지도 않
은 일이지만, 시민단체 대표에게는 비도덕적이라는 치명상이 될 수 있습
니다……"

술을 딱 끊은 적이 있었다. 약 2년간의 장구한 세월이었다. 늘 배 앓이를 달고 살았는데 술을 2년간 끊으니까 그게 싹 없어졌다. 살도 빠지고 아무리 먹어도 더 이상 살이 찌지 않았다. 그래서 알게 되었다. 중년에 찌는 살의 원흉은 모두 술이었음을. 그러다가 성당에 다니면서 다시금 술을 입에 댔다. 신부님께서 따라 주시는 술을 거절할 도리가 없었다. 흐흐흐. 핑계라면 핑계. 세례 받을 때 와인에 찍어 주는 영성체를 받아먹으면서 2년 동안 내 속에 감춰져 있던 알코올 세포들이 깨어나기 시작했다. 입속부터 불같이 일어나는 알코올 기운이 코를 타고 뇌로 올라갔다. 주님하느님을 믿게 되면서 다시금 주님술과 상봉하게 되었다.

그렇게 다시 2년간 재미지게 술을 마시기 시작했다. 활력소였다. 사람 만남이 서툰 나에게 술은 참으로 소중한 무기였다. 술만 마시면 그렇게 유쾌해지고, 유머러스해지고, 달변가가 되었다. 평시에는 그렇게도 말도 없고, 뻐죽거리며 혼자 있고 싶어만 했는데, 술은 나를 다른 사람으로 바꿔 주는 마법이었다.

나에게 약점이 뭘까 생각해 봤다. 술만 안 마시면 큰 약점이 없다. 술을 마시니까 휘청거리게 되고, 정신 줄을 놓게 되고, 비이성적 판단을 내리는 게 아닌가. 꼭 술을 마실 필요가 있는가. 내가 회사일을 함에 있어서 술이 꼭 필요한 영업직인가? 그것도 아닌데 왜 굳이 술의 힘을 빌려 사람들과 사귀려고 하는가. 그렇게 인간관계가 자신이 없는가. 왜 맨정신으로는 사람들과 대화하지 못하고 만나질 못 하는 것인가. 그리고 지금 그렇게 한가하게 술이나 마실 시간이 있는가. 갑자기 자괴감이 들기 시작했다. 가장 큰 문제는 아내였다. 집안의 가장이 술에 취해 휘청거리는 모습을 극도로 싫어했다. 바꿔서 생각해보자. 나는 아내가 술에 취해 휘청거리는 것을 볼 수 있는가? 없다. 아내는 이런 나를 위해 술을 마시지 않는다. 그럼 나는? 비겁하다.

앞으로 나는 크게 될 사람이다. 약점을 굳이 갖고 살 필요가 없다. 술 잘못 마시고 'ㅈ' 될 수 있다. 아내도 싫어하고, 아이도 싫어하는데 왜 굳이 마시는가. 할 일이 태산인데 술 마실 시간은 있는가. 술에 취하면 오늘도 버리지만 다음날도 버린다. 큰 뜻을 이루려면 자신이 가장 즐겨 하는 것을 버려야 한다. 조정래 선생도 글을 쓰기 위해 주색잡기를 완전히 자신에게서 없애 버렸다. 글쓰기에만 전념했다. 그런 것을 버릴 줄 아는 사람만이 성공할 수 있는 것이다. 그래서 다시금 나는 금주를 단행했다. 잡기를 버리자. 무거운 타이어 달고 뛰어 봤자 거북이걸음이다. 브레이크 밟고 악셀 힘차게 밟아 봤자 엔진에 무리만 간다. 버릴 건 버리고 단출하게 가자. 대부님께서 150년 된 포도주를 외국여행에서 사오셨다고 언제 한잔하자고 했는데, 나는 먹지 않으련다.

'병은 입으로부터 들어가고, 화는 입으로부터 나온다'는 속담이 있다. 혀는 시비를 부르는 물건이다. 본래 분명하고 단순했던 일도 일단 혀가 개입되면 금방 복잡하게 변한다. 그러므로 매사에 분명히 말할 수 있는 것은 직설적으로 밝히고, 분명히 말할 수 없는 것은 침묵하라. 침묵은 무기력도 유약함도 아닌 일종의 내재해 있는 저항이며, 혀로는 도저히 할 수 없는 작용을 한다.

나도 가만히 보면 참 말이 많은 편이다. 말투는 은근히 싸가지 없으니 말이 많으면 나도 모르는 사이에 푼수를 떨고, 남에게 상처를 준다. 이게 문제다. 의도하지 않게 남에게 상처를 주는 것과 의도하고 남에게 상처를 주는 것과는 차이가 있을까? 없다. 남에게 상처를 준다는 데에 의도의 유무는 중요하지 않다. 일단 상처받은 사람에게는 치명적이기 때문이다.

　나이가 들면 입을 닫고 귀를 열라고 했다. 옳은 말씀이다. 나이 들수록 입으로 에너지가 쏠려 말이 많아지게 되는데, 그러면 젊은이들은 피한다. 입을 열지 말고 지갑을 열어야 한다. 어릴 때는 발로 에너지가 쏠려서 그리도 발발거리고 돌아다니는데, 늙을수록 에너지는 입으로 모여 말이 많아진다고들 한다. 말이 많은 것은 좋은 것이 아니다. 할수록 자신을 깎게 된다. 득보다는 실이 크다.

　나의 무뚝뚝한 말투와 싹수없는 말투로 인해 어제는 아들녀석의 마음을 아프게 했다. 좀 더 부드럽고, 상냥하게 말해도 될 것을 무턱대고 윽박질렀으니 사달이 났다. 아들이 샤워를 하고서 머리를 말리면서 스마트폰으로 게임 방송을 보고 있었다. 나는 그 꼴이 보기 싫어서, '너는 남이 게임하는 걸 왜 보냐?'고 윽박질렀다. 아들녀석은 왜 시비를 거느냐며 울먹였다. 내가 잘못한 거다. 이렇게 말했어야 했다. '아빠는 네가 게임을 하는 것도 싫지만, 보는 것도 싫어. 그러니까 이제 그만 보자?' 이렇게 부드럽게 말했어야 했다. 아들녀석도 말을 잘 듣는 편이라 쉽게 해결되었을 텐데, 사태만 악화시켰다. 아들녀석은 급기야 오열을 터뜨렸고, 아내까지 발 벗고 나서야 될 사태까지 이르렀다. 결국 나의 잘못을 인정하고 사과하고 나서야 겨우겨우 사태를 진정시킬 수 있었다. 나는 다짐했다. '앞으로 말하기 전에 꼭 한 번 더 생각하자.'

『명심보감』에도 말조심에 관한 내용이 나온다. '입은 화가 드나드는 문이요, 혀는 육신을 동강내는 칼이다.' 보배 같은 말이다. 나이가 들수록 입조심 말조심해야겠다는 생각이 강하다. 말을 하기보다는 듣는 쪽을 택하는 게 신상에 좋다는 것을 경험적으로 터득하고 있는 중이다. 사람과의 관계에서 자기 할 말만 딱 하고 귀를 닫는 사람보다는 말수는 없어도 경청해 주는 사람이 더 매력적이지 않겠는가. 부부와의 관계도 마찬가지다. 따따부따 시시콜콜 말하기보다 아내의 말을 잘 들어주는 남편이 더 멋있다.

다시 점검하자.

1. 말하기보다 들으려 노력하기
2. 말하기 전엔 한 번 더 생각하기
3. 일단 말하고자 했다면, 부드럽게 말하기

처음으로 인력사무실을 찾던 날, 그때의 내 심정은 차마 표현할 수조차 없다. 4년제 대학을 졸업하고, 대기업 본사에 발령받아 10년 동안 직장 생활을 하면서 남부럽지 않게 집도 마련하고 좋은 차도 타며 잘살았던 나였다. 그런 내가 마흔이 넘어 막노동판을 찾아야 한다는 현실을 믿을 수가 없었다. 내가 어쩌다 이 지경이 되었을까 하는 생각이 하루에도 수십 번 고개를 처들었다. 다부지게 마음먹고 인력사무실을 찾았다가 발걸음을 돌린 날도 몇 번이나 되었다.

나는 양계장에서 일한다. 대한민국 축산의 발전을 위해 양계 바닥에 뛰어든 것은 절대 아니다. 그저 수능 점수에 맞춰 간 학과가 축산학과였고, 거기를 졸업하고 취직한 것이 양계회사이기 때문에 좋아하지 않는 일을 하고 있는 중이다. 그래서 그런지 하루하루 힘들다. 전혀 재미있지 않다. 물론 배우는 것도 있고, 진급도 하고, 월급도 오르고 있지만, 통 내 마음은 허전할 뿐이다. 그래서 나는 간혹 일탈을 꿈꾼다.

특히나 산란율이 잘 오르지 않거나, 이상하게 떨어지거나, 상사가 갈구거나, 뭐 좀 힘든 일이 생기면 사표를 쓰고 싶은 마음이 굴뚝같다. 거진 이 바닥에서 10년 이상 해 왔는데, 그간 사표를 쓴다 만다 했던 기억이 수 백 번은 되지 않나 싶다. 그럴 때마다 아내를 심히 괴롭혔다. "다 때려치우고 그냥 노가다나 뛰고 싶어!" 습관처럼 이 말을 뇌까렸다. 겁도 없이. 대학 1학년 때 딱 한 번 해본 놈이. 막노동을 우습게 본 것이었다.

나는 현실에 만족하지 못한다. 내가 꿈꾸는 것은 다르기 때문이다. 나는 책을 써서 유명해지고, 돈도 벌고 싶은 사람이다. 그런 사람이 양계장에 있으니 얼마나 이질감을 느끼겠는가. 차라리 꿈이 없다면, 마음 편하게 양계일을 했을지도 모르겠다. 서른두 살부터 책을 읽기 시작해서 꿈이 생겨 버렸다. 괜히 책은 읽어가지고 꿈이 생겨 버리면서 현실을 불만족하고 있는가. 그냥 차라리 아무 생각 없이 양계일이나 하면서 살았더라면 과연 나는 행복했을까? 그건 아닐 것이다. 꿈이 생겨서 나는 좋다. 생활의 활력이 생긴다. 현실에 불만족을 느끼고 좀 더 나은 내가 되기 위해 나는 조금씩 노력하고 있는 중이다. 따라가는 삶이 아니라 주체적으로 찾아가는 삶을 살게 된 것이다.

이 책을 읽으면서 노가다에 대한 생각을 접었다. 지금 있는 곳에서 최선의 노력을 하고자 마음먹었다. 그러면서 나의 꿈을 노리리라. 그게 가장 안전한 답일 것 같다. 체 게바라가 말했듯이 충실한 현실주의자가 될 것이다. 그리고 꿈 하나는 반드시 마음속에 품을 것이다. 현실에 충실하고, 꿈을 이루기 위해 노력하는 삶을 살 것이다. 그러다 보면 언젠가는 내 꿈이 실현될 것을 나는 진심으로 믿고 있다.

아침마다 출근하면서 인력사무소에 나온 사람들을 보곤 한다. 내가 저기 있어야 하나? 그냥 양계장 다니는 게 더 낫겠다. 노가다 하면서 글쓰기보다는 양계일 하면서 글을 쓰자. 어딜 가든 고통이 없는 곳이 어디 있겠는가. 사실 따지고 보면, 지금이 군대보다 힘든가? 그렇지 않다. 군대에 있을 때 제대하면 뭐든 할 수 있겠다고 생각하지 않았는가. 그래 힘들면 군대 시절을 생각하자. 지금 군대보다 결코 힘들지 않다.

인물로
보는
조선사

정도전은 자신의 생각을 숨기지 못하는데다 날카롭고 불같은 일면이 있어 항상 주위로부터 공격을 받기 쉬웠는데, 그는 스스로 이 점을 인정하면서도 평생을 투지와 용기로 일관하며 살았다.

그는 50대가 되어서야 비로소 자신의 역량을 펼칠 수 있는 위치에 서게 되었다.

정도전의 공적은 천성적으로 타고난 명민함이 주효했지만 그보다는 불우했던 시절 자학에 빠지지 않고 독서와 사색으로 능력을 다져 나간 덕분이다. 이런 정도전의 삶을 통해 우리는 한 인간이 좌절의 질곡에서 그것을 오히려 자기 연마의 시간으로 활용하여 인생의 성취를 이루어 낸 과정을 엿볼 수 있다.

정도전은 천재였다. 홀로 수많은 일을 했으며 여러 분야의 책도 많이 썼다. 유비를 도와 나라를 세운 제갈량이 떠오르지 않는가. 실재 그는 유방을 도와 나라를 세운 장량을 자신이라고 비유할 정도였다고 한다. 근데 이게 좋은 것만은 아니다. 스스로 잘난 맛에 사는 것이야 좋겠지만, 공공연히 떠벌려서 주위 사람들을 불편하게 만들 필요는 없는 것이다. 결국 정도전은 그의 성격 때문에 수많은 사람들의 공격과 질시를 받게 되고, 나중엔 목이 잘려 죽게 된다.

정도전의 과거는 불우했다. 가난했고, 중앙 정계에 진출도 못했고, 귀양살이도 했다. 그러나 그는 그 시기를 슬기롭게 보냈다. 자신을 갈고닦는 시간으로 활용함으로써 이성계와 조우한 후로 자신의 능력을 한껏 발휘하게 된다. 힘든 시절 공부하지 않고 그냥 그렇게 시간만 때웠다면 결코 일어날 수 없는 일이다. 그는 나이 오십이 되어서야 기를 펴게 된다. 이 당시 오십이면, 요즘 시대를 백세시대라고 하니 요즘 나이로 환산한다면, 일흔, 여든 살이라고 해도 무방하지 않을까. 우리도 결코 포기하지 말고 정진해야 한다.

그러나 아무리 천재라도 주위 사람을 곤란하게 만들어서는 안 된다. 자신의 능력이 출중하면 할수록 겸손의 자세를 취해야 한다. 자신의 잘난 것은 남들이 다 알아서 해 주기 마련이다. 그걸 자신의 입으로 떠벌리는 것은 한두 번이라면 좋겠지만, 늘 입에 달고 산다면 그 어느 누가 좋아하겠는가. 인간사는 사람과 사람으로 얽히고설켜 있다. 인사가 만사다. 인간관계가 꽝이면 아무리 혼자의 능력이 출중해도 적만 키울 뿐이지, 제대로 성공한 인생이라 할 수 없겠다.

THE POWER of THINKING

생각의 힘

생각이 바뀌면 미래가 바뀐다

김병완 지음 생각의 힘 **061**

찰리 채플린보다 힘든가?

고아원에서 먹을 것이 없어서 구걸하러 다니며 굶주린 상태에서도 그는 다

음과 같이 자기규정을 했다.

'나는 이 세상에서 가장 뛰어난 배우다.'

그리고 그는 자신이 생각하고 규정한 대로 바로 그렇게 되었다.

4 삶을 대하는 자세 | **213**

힘들다. 오늘도 힘들었다. 그래 인생은 원래 힘든 것이었다. 인생을 누가 천국이라 칭할 수 있겠는가. 인생은 고해에 가깝다. 그걸 인정하면 마음이 편해진다. 성공한 사람치고 고생하지 않은 사람은 없다. 온갖 역경을 이겨 내고서야 받을 수 있는 것이 성공의 달콤함이다. 역경 자체를 피해 버리는 사람들에게는 요원한 존재가 바로 성공인 것이다.

얼마 전 회사에서 교육을 받았다. 그때 강사의 말씀 중 가장 가슴속 깊이 남은 말이 있다. "힘드시죠? 바닥에 떨어졌을 때 많은 것을 배울 수 있습니다. 정상에서는 배울 게 없어요. 잃은 것밖에 없죠. 지금 힘들다고 느낄 때 바로 뭔가를 배우고 성장하고 있는 겁니다. 그러니 너무 괴롭다고 생각하지 마세요. 자, 한번 생각해 보세요. 과거에 말이죠. 힘들었던 시절을 통해서 뭔가를 배웠지, 잘 나가던 시절에 뭔가를 배웠나요? 힘듭니다. 그래요, 힘들다는 것은 성장하고 있다는 겁니다. 그런데 많은 사람들이 힘들 때는 그런 생각조차 못합니다. 우린 다시 정립합시다. 힘들다=성장하고 있다. 이렇게 말이죠."

이런 식의 이야기를 해 주었다. 물론 강사께서 말한 것을 그대로 옮긴 것은 아니다. 나름대로 살을 부쳐서 만든 문장이다. 그렇다. 나는 요즘 힘들다. 그래서 배우는 게 많다고 생각한다. 힘들기 때문에 점점 성장한다고 믿고 있다. 몸과 마음이 편하면 아마도 추락하는 일 밖에 없을 것 같다. 사람이 가장 편할 때가 언제일까? 잠 잘 때? 죽을 때다. 죽을 때 가장 편해진다. 그러니 가장 편한 것을 추구한다는 의미는 죽고 싶다는 것과 같다. 살아 있는 동안은 힘든 거다.

힘들 때 우리는 희망을 봐야 한다. 힘든 시기를 버틸 수 있는 것은 '희망'이 있기 때문이다. 희망이 없으면 어찌 버티겠는가. 죽음의 수용소에서 살아 나온 빅터 프랭클도 희망이 있었기 때문에 가능했다. 나는 철저한 현실주의자가 되기로 했다. 대신 이루지 못할 꿈 하나는 가슴속에 묻고 살고 있다. 바로 체 게바라 선생의 말을 갖고 살고 있다. 철저하게 현실에 노력하고, 큰 꿈을 지니고 사는 거 이게 바로 나에게는 희망이다. 현실이 열악해도 나는 행복할 수 있다. 꿈이 있기 때문이다. 새벽부터 저녁까지 돌아가는 양계장의 삶 속에서 나는 위대한 작가의 꿈을 항시 꾸고 있다. 이 꿈이란 것이 너무도 강렬하여 자나 깨나 나의 가슴속에 살아 숨 쉬고 있다. 나의 아내, 나의 아들에게는 하도 말해서 아마 그들 귀에 딱지가 앉을 정도일 것이다. 책을 읽고 글을 써서 결국 나는 위대한 작가가 될 것이다. 돈도 많이 벌고, 유명해지고, 사랑이 넘친 글로써 많은 사람들을 행복하게 하고 싶다.

'나는 이 세상에서 가장 뛰어난 작가다.'

062

한국고전읽기 장려회, 강성일 감수 **명심보감**

잔꾀 부리지 마라

한 청년이 길을 가다가 요술 램프를 주웠다. 소원을 한 가지만 들어주는 램프였다. 하지만 청년은 세 가지 소원이 있었다. 청년은 잔꾀를 부려 이 렇게 말했다.

"돈, 여자, 결혼이 소원이오!"

그 후 청년은 소원대로 돈 여자(정신이 돌아 버린 여자)와 결혼을 했다고 한다.

　그럴싸한 소원 한 가지만 했더라면 좋았을 것을. 잔꾀를 부리다가 오히려 곤혹스러워졌다. 삶도 마찬가지다. 잔꾀 부리는 놈 치고 나중에 잘 되는 놈 못 봤다. 처음에는 잘 되는 거 같이 보인다. 그러나 나중에 보면 잔꾀로 인해 자승자박이 되고, 나중에 부메랑이 되어 돌아오게 된다.

어떤 부부가 있었다. 그들은 혼인 신고를 하지 않고 아이를 낳았다. 미혼모 신청을 했고, 매달 몇 십만 원씩 나라에서 꼬박꼬박 받았다. 잔꾀를 부린 것이다. 처음에는 꽤 짭짤했다. 하지만 결국 부부는 사이가 좋지 않아졌고, 이혼을 할 것도 없이 그냥 갈라서게 되었다. 정말 미혼모가 되어 버린 것이다.

남들은 내가 잔꾀 부리는 것을 이상하게 다 알아차린다. 그러니 잔머리 굴리지 말자. 다 표난다. 혼자서만 감쪽같다고 생각한다. 남들은 다 안다. "저 노무스키 눈알 굴리는 거 보니 또 잔대리가 굴리는군." 그러니 잔머리 굴리지 말고, 솔직하게 살도록 하자.

063

박경리 지음 **일본산고**

부끄럽지 않은 선조가 되어야 한다

일본산고
日本散考

역사를 부정하는 일본에게 미래는 없다

"(전략) 여러 해 전에 일본문예지의 편집장이 내 집을 찾았을 때, 나는 철두

철미 반일 작가라 하며 자기소개를 했습니다. 그 후 일본 학생들이 방문했

을 때 나는 철두철미 반일 작가이지만 반일본인은 아니다, 하고 말했습니

다. 그들도 인류의 한 사람이며 군국주의의 희생자라 생각하기 때문입니

다.(후략)"

조선이 세워지고 200년 후인 1592년, 일본은 조선을 침략했다.

그 후 7년간 조선 땅을 유린했고, 우리 선조들은 고스란히 피해를 입었다. 그 후 약 300년이 지나 1910년 우리나라가 완전히 일본에 병합되면서 당시를 살던 우리 선조들은 일제의 핍박 속에서 허덕여야만 했다.

역사는 되풀이된다고 한다. 그래서 무서운 것이다. 다행스럽게도 내가 태어난 시기는 일본의 속국에서 벗어난 초기 시점이다. 1945년 해방을 맞았고, 나는 1976년 생이니 역사적 반복구조로 봤을 때 적어도 내가 죽기 전에는 내 아들, 손자까지는 일본의 침입을 받지 않을 것 같다. 그렇지만 시간이 흘러 내 손자의 손자, 그 밑에 가서는 또 어떤 고초를 받게 될지 두렵기만 하다.

그렇다면 나는 나의 후손들을 위해서 무엇을 해 줄 수 있는가. 1592년 당시를 살던 사람들은 선조들이 개판을 쳤기 때문에 그런 수모를 당했던 것이다. 1910년을 살았던 사람들도 그들의 선조가 못했기에 그런 고통을 당했던 것이고. 따라서 후손을 위해서 우리는 잘 살아야 한다. 그래야 고통과 핍박에서 우리의 후손들을 구해 낼 수 있게 된다.

일제 만행에 대해 우리는 용서해야 하는 것은 맞다. 언제까지 복수의 칼을 갈고 있을 수는 없다. 그건 소모적이고 결코 인류공영에 도움이 되지 못하는 처사다. 그러나 잊어서는 안 된다. 그들의 만행, 그들의 역사적 오류를 잊지 말고 대비해야 한다. 얼굴도 모르는 내 후손들을 위해 우리가 할 수 있는 일이다. 존경은 받지 못할망정 부끄럽지 않은 선조가 되기 위해 깨어 있어야 한다.

사표 사용 설명서

잠의 사생활

아름다운 사표

난세의 혁신 리더 유성룡

JTBC news

민주주의자 김근태 평전

나를 위한 하루 산물

나를 위한 인생 12장

그리운 것은 그리운 대로

매력적인 腸 장 여행

나는 즐라탄이다

부모 vs 학부모

21세기 지식경영

PETER F. DRUCKER

하버드 인생 수업

최고가 아니면 다 실패한 삶일까

JOHN MILTON 밀턴 평전

5부
성찰의 기쁨

064 황진규 지음 **사표 사용 설명서**

우린 이미 독창적이다

성공하기 위해서는 독창적인 사람이 되라느니, 유일한 사람이 되라느니, 창의력 있는 사람이 되라느니 하는 헛소리에 현혹될 필요 없다. 내가 어찌 생겨먹었는지를 알고 그대로 살아내면 된다. 그냥 '내'가 되면 된다.

학교 교육을 통해 우리는 얼마나 일률적인 기계로 거듭 태어났는가. 국어, 영어, 수학을 잘하는 놈들만 대접받는 분위기 속에서 얼마나 우리들의 개성을 죽이며 살았는가. 미술을 잘 하면 안 되나? 사회를 잘 하면 안 되나? 주요 과목이 아니면 취급조차 하지 않은 분위기는 우리를 하나의 기계로 만들어 놓은 것이다. 국어, 영어, 수학의 시간 배정은 압도적이었다. 그것을 잘하는 기계로 만들려는 곳이 바로 학교였다.

차라리 학교를 다니지 않았다면 정말 모든 개개인이 독창적이고 창의적이었을 것이다. 물론 단체 생활력은 떨어질지도 모른다. 허나 오히려 그래야 독창적이고 창의적인 사람이 많이 나올 수 있다. 왜냐면 우리는 이미 개개인의 얼굴이 다르듯이 태어날 때부터 각각 다른 존재였다. 국어, 영어, 수학이라는 잣대가 아닌 개인이 좋아하는 것을 자율적으로 할 수 있는 분위기만 조성되었다면 —그래, 학교를 다니지 않았더라면— 우리는 참 독창적이고 개성적으로 자랐을 것이 분명하다.

뭔가 이상하다. 태어나기는 정말 개성적으로 태어났는데, 학교라는 공교육을 받으면서 점점 획일화되고, 기계화되는 느낌을 지울 수 없다. 사회생활을 잘하려면 사람들과 어울릴 줄도 알아야 한다는 합리화로 보이지 않는 누군가 우리를 획일화시키는 느낌을 지울 수 없다. 분명 보이지 않는 무언가 있는 느낌이다. 나라를 쥐락펴락하는 사람이라면, 세상을 내 손안에 가지고 노는 사람이라면, 기득권이라면, 세상을 지배하고 싶은 사람이라면 당연히 이런 획일화된 기준에 맞춰진 인간들을 양성하고자 할 것 같다. 그래야 다루기 편하니까. 개성적인 인간들을 다루기란 여간 힘들지 않겠는가. 똑같은 상자에 욱여넣는 연습을(그들은 교육이라 하겠지만) 어릴 때부터 계속 시킨다면 충분히 나만의 세상을 만들 수 있을 것이다.

우리는 어쩌면 태어나면서 우리의 개성을 하루하루 잃고 사는 것이 아닐까. 이건 이렇게 해야 한다느니 저건 저렇게 해야 한다느니, 사회화시키면서 하고 싶은 것을 못하게 하고, 하기 싫은 일을 강요받는 삶을 살아가고 있는 것이다. 마치 자신이 좋아하는 일을 하면 그건 죄악이라는 느낌을 받도록 주입시키고 있다. 어떻게 하고 싶은 일만 하면서 사느냐, 다들 그렇게 참고 산다고 합리화하면서 자신의 개성을 죽이는 것이 아닐까. 딴따라는 밥 벌어먹기 힘드니까 그냥 고분고분하게 공부나 해서 공무원이나 하라고 개인의 개성을 죽이는 것은 아닐까.

어차피 인생은 딱 한 번 뿐이다. 연습이 없다. 과거에 어떤 교육을 받았든 간에 이제라도 나를 찾는 여행을 해야 한다. 내가 정말 원하는 것이 무엇인지, 어떻게 살아가야 하는지 반드시 알아내야 한다.

그것을 아는 자와 모르는 자의 차이는 시간이 지날수록 벌어질 것이다. 세상 모든 사람들이 다 자신을 억누르면서 꾸역꾸역 자신이 하기 싫은 일을 하면서 사는 것은 아니다. 자신이 좋아하는 일을 하면서 즐겁게 사는 사람들도 분명 존재한다. 선택은 내가 하는 것이다. 정말 나답게 살 것인지, 타인이 맞춰 놓은 기준에 맞게 살 것인지 진지하게 고민해 봐야 한다.

나답게 살지 못하면 분명 후회하게 된다. 죽는 순간 그건 해 봤어야 하는데, 라며 후회의 눈물을 흘려봤자 이미 늦었다.

개그맨 고명환은 교통사고로 사경을 헤매게 되었다. 의사 선생님도 죽음을 각오하라고 하였다. 며칠 남지 않았다고 했다. 그러나 고명환은 기적적으로 다시 완쾌되었다. 그때 고명환은 죽음의 문턱에서 깨달은 것이 있었다. 이제부터는 내가 정말 해 보고 싶은 것을 해 보자. 그는 뮤지컬 배우가 되었다.

065 데이비드 랜들 지음 **잠의 사생활**
내 잠 시간이 긴 것은 아니었구나

매일 밤, 사람들은 해가 지고 나서 얼마 지나지 않아 잠을 잤고, 자정을 지난 어느 시점까지 그 상태로 계속 잤다. 이것이 바로 옛날 이야기들에서 반복적으로 나오는 첫 번째 잠이다. 그리고 자정을 넘어서 잠이 깨면, 그 상태로 한 시간 정도 깨어 있다가 다시 아침까지 잠을 잤다. 이것이 바로 두 번째 잠이다.

나는 잠이 많은 축이라고 생각했다. 하루에 적어도 8시간 이상은 자야 가뿐했으니까. 유전이라고만 생각했다. 아버지 또한 그러셨으니. 머리만 대면 잠에 곯아떨어지는 것은 대물림이었다. 그게 그렇게 싫었다. 나도 불면증이란 것이 있었으면 했다. 그 시간을 독서하는 데, 책 쓰는 데 할애할 수 있으니까. 그런데 그게 아니었나 보다.

옛날 사람들, 즉 인공조명을 사용하지 않는 사람들의 잠은 하룻밤에 두 번에 걸쳐 잠을 잔다고 한다. 해가 지고 나서 한 시간쯤 후면 잠에 들 것이다. 그렇게 자다가 자정 무렵에 저절로 눈이 떠져서 한 시간 정도 뒤척이다가 다시 두 번째 잠을 잔다는 것이다. 해가 뜰 때쯤 눈이 떠져서 하루를 맞는 패턴이었다. 당연히 여름엔 적게 자고, 겨울이면 많이 잤을 것이다.

자, 그럼 따져 보자. 내가 이 글을 쓰고 있는 시점은 4월 말이다. 해는 5시 36분에 떠서 19시 15분에 진다. 고로 이렇게 추측할 수 있다. 만약 인공조명 없이 사는 삶이라면, 해가 지고 20시쯤 잠에 들 것이다. 그러다가 자정 경에 깨어서 뒤척거리다가 다시 두 번째 잠을 자고 해 뜨기 직전쯤인 5시에 눈을 뜰 것이다. 고로 그는 저녁 8시에서 자정까지 4시간의 첫 번째 잠을 자고, 한 시간 정도 깼다가 1시에 다시 두 번째 잠을 자서 5시에 일어날 것이다. 총 8시간 수면을 취했다. 충분한 잠이 되었을 것이다. 개운했을 것이다. 조명이 없는 상황에서 무엇을 할 수 있단 말인가. 잠밖에 더 있겠는가. 그러니 충분한 잠으로 충분한 휴식을 취할 수 있었을 것이다.

겨울이면? 더 잠을 잤을 것이다. 17시면 해가 떨어질 것이고, 저녁 6시면 잠에 들것이다. 18시에 자서 0시에 깨고, 1시에 자서 해뜨기 전인 8시에 일어날 것이다. 총 13시간을 잤다. 굉장히 충분한 수면을 취했을 것이다.

그에 반해 인공조명 하에 살고 있는 현대인들은 어떤가. 너무나도 잠 시간이 부족하다는 느낌이다. 내가 왜 잠이 많았을까에 대한 고민이 완전히 사라졌다. 원래 인간은 잠이 많았다는 것을 알게 되었다. 인공조명 아래서 태어나고 자란 나로서는 왜 내가 이렇게 잠이 많을까. 나도 남들처럼 잠 6시간만 잤으면 좋겠다고 푸념을 했건만 이제부터라도 그러지 말아야겠다는 생각이다. 오히려 더 잘 수 있다면 더 자려고 노력해야겠다. 해가 긴 여름철이나 해가 짧은 겨울철이나 매일 8시간 고정으로 자는 것을 생각하니 참으로 인간적이지 못하고 극단적이란 생각까지 든다. 자연스럽지가 않다는 얘기다. 왜 우리는 사계절이 있는데 매일 똑같은 잠 시간을 갖는단 말인가. 자연의 순리대로 줄였다 늘였다 할 수 있는 잠 시간을 왜 고정시켜 놓았단 말인가. 전구를 발명한 에디슨으로 인해 참 자연스럽지 못하게 우리는 살고 있는 셈이다.

내 시간을 팔아 돈을 버는 곳이 직장이다. 내 시간과 돈을 맞바꾸는 시스템인 것이다. 돈을 얻기 위해서는 내가 가지고 있는 시간을 지시된 어떤 명령이나 시스템에 의해 투자해야 한다. 그것에 대한 반대급부로 월급이 나온다.

일면 맞는 말이기도 하지만, 나는 좀 다르게 생각한다. 자신과 맞지 않는 직장은 분명 '내 시간과 돈을 맞바꾸는 시스템' 속에 갇혀 있는 상황일 것이다. 그러나 자신과 비슷하거나 제대로 맞아 돌아가는 직장이라면 그곳은 꿈을 이루어주는 장소로 바뀌게 된다. 오히려 배우면서 돈을 벌 수 있는 시스템 속에 들어가게 되는 것이다.

그렇지만 얼마나 많은 사람들이 그런 좋은 시스템 속에 들어갈 수 있겠는가. 거의 대부분의 사람들은 '자신의 시간과 돈을 맞바꾸는 시스템' 속에서 오늘도 한숨을 쉬고 있을게 뻔하다. 사표를 쓰자니 생계가 걱정이고, 다른 일을 알아보자니 용기가 나지 않으니까 그냥 죽을 상을 하고서 일을 하고, 퇴근 후에는 소주나 한잔 빨러 가는 것 아니겠는가.

선택은 자신의 몫이다. 벗어나느냐, 주저앉느냐. 주저앉아 있기 싫다면 '준비'하자. 벗어날 수 있도록 준비하면 된다. 매일 조금씩 자신이 좋아하는 일을 하면서 준비하는 거다. 이직 준비라고 하면 맞겠다.

현재 자신의 일터에 100퍼센트 만족할 수는 없겠지만, 그런대로 뭔가를 배우고 있다는 생각이 든다면 즐거운 마음으로 근무해도 좋겠다. 돈 벌면서 뭔가를 배울 수 있는 곳이 바로 직장이다. 학원만 해도 내 돈 내고 가야 한다. 강의를 들으려 해도 돈을 내야 한다. 뭔가를 배우려면 돈을 지불해야 한다. 그러나 직장은 오히려 돈을 받고 배울 수 있는 곳이다. 물론 상사의 갈굼도 견뎌야 하고, 눈치도 봐야 하고, 때로는 혼나기도 한다. 그렇게 사는 게 맞다. 어찌 고고한 학처럼 살 수 있겠는가. 생각을 좀 전환해 보자. 돈 받고 배울 수 있는 곳이 직장이다.

근데 문제는 배울 게 없는 직장이다. 돈은 많이 주는 것 같은데, 배울 게 없다? 안정적인데 배울 게 없다? 정년까지 버틸 수 있을 것 같은데 배울 게 없다? 일이 너무도 손쉬워 다닐만 한데 배울 게 없다면 그곳을 떠나야 한다. 바로 그런 직장에 다니는 것이야말로 '내 시간과 돈을 맞바꾸는 시스템' 속에 갇혀 있다는 의미다. 내 시간을 팔아 돈을 벌고 있는 것이다.

문제는 나중에 생긴다. 60세에 정년퇴직을 하고 나서 뭘 할 수 있단 말인가? 요즘은 100세 시대다. 60세에 퇴직하고 나서도 40년은 더 살아내야 한다. 근데 그동안 배운 것이 없으니 뭘 더 할 수가 없다. 새로운 직장을 구하러 발품을 팔든지, 그게 고까우면 그동안 모은 돈과 퇴직금을 털어 동네 치킨집을 열게 될 것이다. 그러나 얼마나 갈지 장담할 수 없게 된 것이다. 이런 시스템 안에 갇히지 않으려면, 배울 수 있는 직장을 다녀야 하고, 배울 게 없는 직장은 떠나야 한다.

정철을 보고 반성하다

난세의
혁신 리더
유성룡

정철은 이미 사망한 뒤였다. 그는 세자 건저 문제로 귀양 갔다가 임진왜란 때 백성들의 요구로 복관되었으나 삼사의 논박을 받고 강화도 송정촌으로 물러나 은거하다가 선조 26년(1593) 12월 사망하였다. 사신史臣은 그의 졸기에 "정철은 성품이 편협하고 말이 망령되고 행동이 경망하고 농담과 해학을 좋아했기 때문에 원망을 자초하였다.(하략)"

송강 정철은 국어시간에 너무나도 유명한 사람이었다. 문학 분야에서 엄청난 일을 해낸 사람으로 기억되고 있다. 〈관동별곡〉이니 〈사미인곡〉으로 얼마나 우리를 괴롭혔던가. 나는 그를 완벽한 문학인으로만 생각하고 있었는데, 사실 그는 현실정치에서 괴력(?)을 발휘한 사람이었다.

그는 1536년생으로 율곡 이이와 동갑내기다. 율곡 이이는 자신도 모르게 서인의 영수에 올랐으나 붕당정치의 폐해에 대해서 알았기에 붕당정치를 하지 않았다. 그러나 송강 정철은 서인의 영수가 되면서 동인을 조지기 시작했는데, 부지기수를 쳐 죽였다. 그는 붕당정치에서 보복 정치의 정점에 있었던 사람이었다. 그는 임란 중에 삶을 마감한다.

그런 사관은 그를 이렇게 평가했다. '성품=편협, 말=망령, 행동=경망, 농담과 해학을 좋아해 원망을 자초함.' 사관이 평가해 놓은 것을 몇 번이나 읽어 보면서 '이거 나잖아!'라는 생각이 퍼뜩 들었다. 나의 성품은 얼마나 편협하며, 말은 참으로 망령되고, 행동 또한 경망스러운가. 또한 농담과 해학을 좋아하여 원망을 자초하는 일이 얼마나 많았던가. 내 모습이 보였던 것이다.

공명정대하거나 혁신적이거나 민중을 사랑하는 마음을 지닌 조광

조나 이이나 유성룡을 닮고 싶은데 정작 내 모습은 정철이었다니…, 충격이었다. 어떻게 하면 나의 편협한 생각을 공명정대하게 바꿀 수 있으며, 어떻게 하면 망령된 말을 하지 않을까. 또 어떻게 하면 경망스러운 행동을 하지 않을까. 고민에 고민이 되었다. 편협한 것이야 내가 좋아하는 책만 보지 말고 여러 책을 두루 읽으면서 고치면 될 것도 같고, 망령된 말은 욕은 이제 자제하고 말을 줄이면 될 것이고, 행동은 좀 느리고 기품있게 하면 되지 않을까. 또한 좋아하는 농담 따먹기는 이제 완전히 줄여서 진중한 모습을 보이면 어떨까 싶다. 과연 그게 잘 될지 도저히 장담할 수 없다. 40년간 살아온 나를 개조하려니 버겁기만 하다.

나이 사십을 불혹이라 부르지만, 나는 유혹을 이길 수 없다. 적어도 공자 정도의 레벨은 돼야 가능한 수준이라고 본다. 나 같은 종자들은 나이 칠십이 되어도 불혹의 경지에 오르지 못하리라. 이제 이립 (30) 정도나 될까 말까 하니 가만 생각해 보아도 10년은 뒤처져 가는 느낌을 지울 수 없다.

현직교사 111명이 오늘(10일) 오전 청와대 홈페이지 게시판에 박근혜 정권 퇴진을 요구하는 글을 실명으로 올렸습니다. 교육부는 해당 교사들에 대해서 징계 조치에 들어갈 방침입니다. (중략)

세월호 특별법 시행령을 즉각 폐기하고 세월호를 즉시 인양하라고 촉구했습니다. 세월호가 가라앉은 지 1년이 지났지만, 어떤 진실도 규명되지 않았기 때문에 글을 올리게 됐다는 설명입니다. 참여한 현직 교사 111명은 징계나 처벌을 각오한 듯 모두 실명을 공개했습니다.

자기 밥그릇을 과감히 버릴 수 있는 이가 몇이나 될까? 한 달 벌어 한 달 먹고사는 내게는 꿈같은 이야기다. 학생 때도 마찬가지였다. 데모하는 애들을 보면서 '저 집 애는 좀 사니까. 저 집 애도 집에 돈 좀 있지. 취직 걱정 없으니까 맘 놓고 데모질 하는구나.'라고만 생각했다. 정말 부모빽이 없는 애들이 데모할 때면 현실감각을 상실한 것은 아닌지 이상한 눈으로 본 것도 사실이다.

대한민국에서 선생님이 되는 것은 힘든 일이다. 대학도 나와야 하고, 임용고시도 합격해야 한다. 경쟁률이 만만치 않다. 그러나 어렵게 공부해서 선생님이 되었어도 나와 마찬가지로 한 달 벌어 한 달 먹고사는 월급쟁이가 된다. 1~2년 해서 돈 왕창 벌어서 은퇴할 수 있는 그런 특수직이 아니다. 매일 출근해야 하고, 때론 야근도 해야 되는 직업이다. 출근하지 않으면 당연히 잘린다. 즉 돈을 벌 수 없게 된다. 그러면 배를 곯게 된다. 그럼에도 불구하고 이들은 왜 자신의 밥그릇을 포기하게 되었을까? 오늘 벌지 않으면 내일 배를 곯아야만 하는데, 분명 이들도 한 가정의 부모로서 아이들 학원비도 갖다 줘야 할 것이고, 옷도 사 입혀야 할 것이고, 부모에게 용돈도 드려야 할 것이고, 집 대출금도 갚아야 할 것인데, 그리도 힘들게 선생님이 되어서 왜 이들은 이런 것들을 다 포기하게 되었을까.

박근혜 정부가 잘했든 잘못했든, 내게 중요하게 다가온 문제는 '왜

생활인들이 자신의 밥그릇을 포기할 정도까지 되었는가'다. 직업적 양심일까. 아이들 앞에서 거짓을 말할 수 없다는 한 교사의 목소리는 나에게 어떤 울림을 주고 있는 것인가. 박근혜 정권 퇴진을 공식적으로 말한 111명의 선생님들은 징계를 받게 된다. 공직자 중립의 의무를 저버렸다는 이유다.

자신의 신념을 위해서 사는 사람들은 멋지다. 때론 무섭다. 신념을 지키기 위해서는 자신의 밥그릇도 과감히 내어 놓는다. 그들의 가치관인 것이다. 배는 곯을지언정 내 양심만은 지켜내겠다. 배부른 돼지보다 배고픈 소크라테스가 낫다. 이런 말과 상통할 것이다. 다시 나에게로 초점이 모아진다. 나는 저들처럼 자신의 신념을 지키기 위해 과감히 밥그릇을 내던질 수 있겠는가? 있겠는가?⋯⋯ 있겠는가⋯⋯.

아무리 먹고살기 힘들다해도

본인은 체포된 이후 수많은 사람들로부터 "우리가 무슨 힘이 있습니까? 그저 시켜서 하는 거죠. 밥을 먹고살려니까 이렇게 할 수밖에 없었습니다. 우리의 고충을 이해해 주십시오"라는 등의 얘기를 들었다. 바로 그런 속에서 정치군부는 자신의 이익과 이해를 관철시켰던 것이다. 더 이상 그러한 얘기가 나오는 사회가 되어서는 안 될 것이다.

세상을 어찌 자신의 뜻대로 살 수 있으리요. 허나 하지 말아야 할 것과 할 것을 구분할 수는 있어야겠다. 아무리 먹고살기 위해서라도 해서는 안 되는 짓을 하는 것은 옳은 일인가. 목구멍이 포도청이라도 남을 고문하면서까지 먹고살아야 하는가. 고문이라는 폭력성이 과연 얼마나 정당하기에 눈 깜짝 하지도 않고 마치 병아리 감별사가 암수 구별하듯 그렇게 생각 없이 일을 할 수 있단 말인가.

우리나라를 먹기 위해서 고문하는 일본인들은 그래도 애국한다는 명목이라도 있지만, 죄도 없는 사람 국보법으로 잡아다가 없는 죄를 만들어 덮어 씌우는, 같은 한국인의 모습은 실로 치욕스럽다. 정치권력의 하수인으로서 그 밑에 붙어먹고 살려는 기생충 같은 자들이 아닌가. 그들 또한 퇴근 후 집에 가서는 단란한 가정을 꾸리는 가장이 아니던가.

김근태는 전두환 정권 하에서 민주화 운동을 하다가 국보법에 걸려들어 22일간의 모진 고문을 당하였다. 당시 그를 고문했던 자들의 명단은 다음과 같다.

총경 윤재호, 경정 김수현, 경정 백남은, 경위 김영두, 경장 정현규, 경장 최상남, 경장 박병선. 그리고 총지휘 이근안 고문기술자.
나는 저렇게 밥 벌어먹고 싶지는 않다. 아무리 명령과 복종의 경찰

관계라 해도 양심이란 것이 있지 않겠느냐? 그렇게 먹고사는 게 중요했는가. 꼭 그 짓을 해야지만 먹고살 수 있었는가. 남에게 전기고문을 가하고, 물고문을 가하는 것이 자신의 일이란 것에 환멸을 느끼지도 않았느냐! 니들이 일본인을 상대로 그렇게 했다면 내가 이렇게 분노하지도 않았을 것이다. 하긴 니들은 일제시대에 살았으면 또 그들의 앞잡이로 살았을테지.

세상이 아무리 이상하게 돌아가고, 제정신을 갖고 사는 것이 힘들다하여도 우리는 '인간'이기에 인간다움을 지켜야만 한다. 죽는 순간까지 그 인간다움을 지키는 것이 인간으로서 마땅한 것이다. 인간다움을 버리는 순간 짐승보다 못한 존재가 되어 버린다. 세상엔 인간의 껍데기를 달고 사는 것들이 많지만, 그중 진정한 인간은 몇 되지 않는다. 껍데기로 살 것인가. 진정 인간으로 살 것인가.

남을 고문해서 벌어다 준 돈으로 저들의 아이들은 맛있는 밥도 먹었을 것이고, 따뜻한 옷도 사 입었을 테지. 나중에 아이들이 커서 자신이 그런 돈으로 자랐다는 것을 안 후에도 그때도 니들을 먹여살리기 위해 어쩔 수 없었다고 말할 자신이 있는가?

당신은 다른 사람에게 친절히 대하고 배려해야 하지만 그렇다고 해서 본연의 모습을 잃어야 한다는 것은 아닙니다. 다른 사람의 맘에 들기 위해 필요이상으로 자신의 모습을 바꾸려고 하지 마세요. 다른 사람의 맘에 들기 위해 인생을 사는 것이 아니니까요. 당신의 본연 모습 그대로, 당신의 방식대로, 당신 자신을 위해 살아가세요.

어릴 때는 남을 배려하지 않았다. 그래서 엄마에게 혼이 나곤 했다. 사람들이 많이 모인 곳에서 큰소리로 떠들면 혼났다. 식당에서 돌아다녀도 혼났다. 남을 의식하지 않음에 대한 질책이었다. 그리고 시간이 흘러 어른이 되었다. 그렇게 교육을 받아 왔고, 그러다 보니 역효과가 발생되었을까? 사람들을 너무도 의식하게 되었다. 상대방의 기분을 상하게 하지 않으려고 하는 고도의 배려까지 터득해 버린 것이다. 그러다 보니 인생이 겁나 피곤해지기 시작했다. 왜냐면 내 본연의 모습까지 잃게 되고 말았기 때문이었다. 남을 배려하다 보니 오히려 나를 버려두는 꼴이 되고 만 것이다. 이건 주객이 전도되어 버린 것이었다.

남을 배려하는 것에 집중하면서 살다 보면 나중에 우울증이 찾아온다. 왜냐면 그만큼 나를 사랑하지 못했기 때문이다. 그리고 지나고 보면 내게 남는 것이 하나도 없음을 알게 된다. 인생 자체가 무의미해진다는 생각까지 들었다. 이건 아닌 것이다. 이렇게 인생을 살면 잘못 사는 것이다.

내 기억이 맞다면, 예전에 가수 양희은이 TV 프로그램에 나와서 한 말씀하였다. 자신이 죽다 살아난 경험이 있는데, 그 경험을 겪고서는 남을 배려하는 것보다 자신을 더 사랑하고 싶다는 얘기였다. 남을 배려하다 보니 나에게 남는 것이 하나도 없었더라는 것이었다. 물론 남을 배려해야 한다. 그러나 정도가 중요하다. 나를 버리면서까지 남을 배려할 필요는 없다. 세상에는 안하무인眼下無人인 자들도 엄청나지만, 남의 배려에 대한 강박증세로 살아가는 착한 인간들도 많다. 제일 안타까운 것은 안하무인인 자들이 착한 배려적인 사람들을 이용한다는 점이다. 우리는 당연히 그런 꼴을 당해서는 안 되겠다.

이젠 좀 따지기도 해야겠다. 아파트 주차장에 이중주차를 한 ○○ ○호 아주머니에게 단연코 따져 물어야겠다. 이렇게 차를 대면 안 됩니다. 자리 널널한 아랫동에 차를 대고서 걸어 올라오셔야지, 자기 춥다고 이렇게 차를 대놓고 가면 다른 차주들은 어떡합니까? 너무 자신만 생각하시는 거 아닙니까? 뭐라고요? 전화하라고요? 차 빼 주면 되니까? 저 아침 5시에 나갑니다. 그럼 5시에 전화합니까? 내가 당신처럼 그렇게 후안무치厚顔無恥한 사람이라고 생각합니까? 뭐 다른 사람들은 아줌마처럼 편한 걸 몰라서 아랫동에다 차를 대고 걸어 올라옵니까? 남을 좀 배려해 주십시오! 라고 나는 따져 물을 것이다. 연습하고 또 연습해야 가능한 일이겠지만.

남을 지나치게 배려하는 것 때문에 나 자신을 잃지도 말아야겠지만, 남의 지나친 이기주의에 치여 나 자신을 잃지도 말아야겠다.

071

안병욱 지음 **나를** 위한 인생 12장

인생은 나와 나의 투쟁이다

나의 마음속에는 나의 적敵이 있다. 내가 나의 적이다. 나는 내 마음속에 있는 적과 부단히 싸워야 한다. (중략) 철학자 플라톤은 이렇게 말했다. "인간 최대의 승리는 내가 나를 이기는 것이다."

단재 신채호 선생은 "역사는 아와 비아의 투쟁의 기록이다"라고 했듯이, 나는 그걸 빌려 이렇게 쓰고 싶다. "인생은 나와 나의 투쟁이다." 매 순간 나와의 싸움이다. 이렇게 할까, 저렇게 할까, 매 순간 나와 갈등하고 나와 싸운다. 술 마시고 싶다, 마시면 안 된다와 갈등한다. 거짓말해서는 안 된다, 해도 된다와 싸운다.

가만 보니, 나란 놈은 굉장히 교활하다. 합리화의 달인이다. 어떻게든 자기가 옳다는 쪽으로 모든 이론과 철학과 미적분과 탄젠트를 갖다 댄다. 그래서 이 녀석과 1대 1로 맞짱을 뜨면 이기기 힘들어진다. 그래서 생각해 낸 방법이 있는데, 일명 '녀석 관찰하기'이다. 생각을 하는 것을 나라고 보는 것이 아니라 제3자라고 보는 것이다. 나는 관찰자로서 녀석의 생각과 행동을 주시하는 방법이다.

예를 들면, 내 정수리 위 한 50cm 위에 진짜 나를 관념적으로 올려놓고서 녀석이 생각하는 것을 바로바로 관찰하는 것이다. 나를 1인칭 주인공 시점이 아닌 3인칭 관찰자 시점으로 바라보게 되면, 좀 색다른 태도가 생긴다. 조금 더 객관적이라고 할까. 한 템포 늦어지는 반응을 낼 수 있다. 예를 들면, 화가 날 때 나를 관찰하면서 '녀석 화났군'이라며 나를 제3자 보듯 하면 화가 좀 누그러진다는 얘기다. 모든 생각에 대해 나를 제3자로 취급해 버리는 연습을 계속해 보면, 내 말이 무슨 뜻인지 알게 될 게다. 계속하다 보면, 내가 나를 이길 수 있다.

072 노승희 지음 그리운 것은 그리운 대로
혼자만의 시간을 갖자

처녀 적에는 소란스러운 것을 진저리치며 싫어해서 친정어머니에게 산으로 들어가 너 혼자 살라고 지청구도 많이 들었다. 나이가 들어가는 탓일까. 이제는 동서도 부르고, 어린 조카들도 마당에서 시끌벅적 뛰고, 그 바쁜 중에 매운탕도 끓여 먹여가면서 돌아친다. 이래야 사람 사는 것 같은 맛이 난다.

나 또한 누군가 집에 찾아오는 것을 매우 못마땅하게 생각한다. 아직도 더 나이가 들어야 하는가 보다. 집에 있을 때는 전화 오는 것도 싫다. 가까운 친인척이면 모르지만 그 외 사람들에게 연락 오는 것을 그리 달가워하지 않는다. 홀로 있는 것을 좋아하고, 사람 상대하는 것을 좋아하지 않는다. 신경 써야 하고, 생각해서 말해야 하고, 웃기지도 않은 일에 웃음을 지어야 하는 쓸데없는 일들을 해야 하기 때문이다.

사람들을 만나면 나는 굉장히 말이 많은 편이다. 어색한 것을 천성적으로 싫어해서 일부러 신소리를 늘어놓기도 한다. 물론 그럼으로써 내 채신은 땅에 떨어진다. 그럼에도 불구하고 어색한 것이 싫어서 흰소리를 해댄다. 나에게 남는 게 없는 장사인 셈이다. 그러니 내가 사람 만나는 것을 어찌 좋아할 수 있겠는가. 그래서 나는 혼자의 시간이 좋다.

예전 일이다. 옆집에 아는 사람들이 살았는데, 그 집엔 항상 사람이 북적였다. 많은 사람들이 북적북적했다. 음식을 만들어도 엄청 많이 만들어서 사람들을 초대했다. 우리 집 같으면 우리가 먹을 것만 만들어서 조용히 먹고 말 것인데, 그 집은 우리 집과는 정반대였다. 돈도 그만큼 많이 들었고, 만나서 얘기 나누고, 시간 보내고 하면 남는 게 없을 텐데도 그 집은 그렇게 지냈다. 옆집에서 그렇다 보니 우리 집을 초청하는 일이 많아졌다. 그럴 때마다 거절하지 못하여 끌려 가곤 했다. 물론 나는 즐겁지 않았다. 시끌시끌하니, 술 마시고, 노는 소리가 지겨웠다. 뭐 삶의 패턴이 다르니까 이해해 주었다. 그러나 아이가 학교가 시험기간임에도 옆집은 손님들을 초대해서 놀았다. 이건 아니다 싶었다. 아이에 대한 배려가 없었던 것이다. 물론 아이가 공부를 못했다. 그래도 그렇지.

나이가 들면, 자연으로 돌아가고 싶고 사람들을 만나고 싶어하고 젊었을 때는 하지 않던 일들을 벌이는가 보다. 나도 오십이 되고 육십이 되면 그렇게 변할까? 음식 장만해서 여러 사람 초대해서 즐기는 것도 물론 중요하다. 그렇지만 혼자만의 시간을 보내는 것이 필요하다. 혼자만의 시간을 즐길 줄 모르면서 잔치하는 것에만 몰두하는 것도 그리 바람직하지 못하다. 혼자 즐길 수 있으면서도 잔치를 즐길 줄 알아야 한다. 또 너무 혼자만의 시간을 갖는 것도 문제가 된다. 인간은 사회적 동물이니까 그건 자연스럽지 않다. 홀로 제대로 시간을 보내지 못한다는 것은 자신 중심으로 살지 못한다는 얘기하고도 같다. 나중에 남는 게 없다. 잔치 당시는 즐겁고 기쁘지만, 그들이 돌아가고 난 뒤의 공허함은 또 무엇으로 채울 수 있을 것인가. 결국 인간은 혼자이기에 남으로부터 채울 수 없는 부분이 있다. 그 부분은 반드시 본인 스스로 채워 넣어야 한다. 혼자 사색하기, 공상하기, 음악 감상하기, 영화 감상하기, 독서하기, 운동하기, 독백하기. 혼자만의 시간을 통해 중심을 잡고서 다른 사람들과 잘 어울리면 좋겠다.

073 모른 척할 것인가 찾을 것인가

기울리아 엔더스 지음 매력적인 장 여행

물론 오로지 잘못된 배변 자세 때문에 치질과 게실염에 걸리는 건 아니다.

그러나 지구상에서 쪼그려 앉아 대변을 보는 12억 명은 거의 게실염에 걸리지 않고 치질 환자가 확실히 적다는 사실을 무시할 수는 없다.

이 책에 의하면 현대식 화장실에서 우리가 똥 누는 자세는 올바르지 못하다고 한다. 장이 살짝 눌린 상태라서 쾌변을 볼 수 없는 자세라고 말한다. 물 나오는 호스가 살짝 굽힌 것을 생각하면 쉽게 이해할 수 있을 것이다. 똥 싸는데 가장 바른 자세는 예전에 '푸세식' 화장실의 쪼그려 쏴 자세라고 말한다. 그래야 장이 일자로 펴지고, 잔변 없이 몽땅 다 쏟아낼 수 있다고 말한다. 예전의 쪼그려 쏴 자세를 유지하려면 변기에 앉았을 때 낮은 의자를 발밑에 두고 배변을 보면 도움이 된다고 한다. 그러면 똥이 쏙 빠진대나 뭐래라. 아무래도 똥이 쏙 빠져야 건강에도 좋을 듯싶다. 아직까지도 쪼그려 쏴 자세로 똥을 싸는 12억의 인구들은 게실염이라든지 치질이 별로 없다는 점이 흥미롭다.

책을 읽었으니 실행에 옮겨 봐야지. 딱 한 번 하고 그만두었다. 불편했다. 의자를 밟고 다리를 인위적으로 올리자 엉덩이가 짓눌려 아팠다. 그것이 신경 쓰여 똥이 오히려 잘 나오지 않았다. 가족들에게도 소개를 해봤지만 피식 웃을 뿐.

현대화가 가속될수록 이런 일들이 많아지게 될 것이다. 좋은 면도 있지만 좋지 않은 면도 발생하게 되고, 거기에서 오는 불안감과 좋지 않은 것을 어떻게 하면 피해 갈 수 있을까 고민하기도 할 것이다. 예를 들어, 버스를 타면 빠르게 이동할 수 있어 좋은데, 공해는 어떻게 피할 수 있을까. 스마트폰을 사용하면 어디서든지 통화가 가능한데 어떻게 하면 전자파를 피할 수 있을지에 대한 고민들이다. 장점이 있으면 단점이 있다.

그냥 감수하면서 살아야겠지. 버스를 타서 빠르게 이동할 수 있지만, 매연 정도는 먹어 줘야지. 스마트폰을 사용하여 언제든지 인터넷에 접속할 수 있으니 전자파 정도는 뭐 어쩔 수 없지. 현대식 변기가 게실염과 치질에는 좋지 않지만 편하니까. 보통의 사람들이라면 이렇게 생각하며 살아가게 될 것이다.

그러나 소수의 사람들은 다르다. 그들은 그런 불편을 없애기 위해, 즉 단점을 없애기 위해 뭔가를 찾기 시작한다. 버스? 매연이 있다고? 그럼 없애면 되지. 스마트폰? 전자파가 두렵다고 그럼 전자파를 없애면 되지. 현대식 변기가 게실염과 치질에 안 좋다고? 그럼 옛날 방식같이 쪼그려 쌀 자세를 취할 수 있는 변기를 개발하면 되지, 라고 생각한다. 결국 이들이 돈방석에 앉게 되고, 인류를 변화시키게 된다.

생활에 있어 불편함을 그냥 모른 척 넘어갈 것인가. 아니면 아예 산속으로 도피해서 살아갈 것인가. 아니면 적극적으로 불편함을 개선하기 위해 노력할 것인가. 똥 싸는 얘기를 하다가 여기까지 흘러와 버렸다.

074

즐라탄 이브라히모비치, 다비드 라게르크란츠 지음 **나는 즐라탄이다**

나도 결국 꼰대가 되어 가는가

전 세계 100만 부 이상 팔린 슈퍼베스트셀러!
명실히 스토리라인, 즐라탄 이브라히모비치 자서전 마침내 출간

정상에 오르는 길은 수천 가지나 된다. 남들이 걷는 길과 달라 보이거나 조금 이상해 보이는 길이 가장 좋은 길일 때도 많다. 튄다는 이유로 누군 가를 비난하는 것을 나는 싫어한다. 다른 이들과 똑같았다면 나는 이곳에 올라서지 못했을 것이다.

사람마다 각기 다르다. 어쩜 이렇게 얼굴 하나하나가 이렇게 같지 않을 수가 있을까. 강아지만 하더라도 참 비슷하게 생겨서 이 개가 내 개인지, 저 개가 우리 개인지 헷갈리는데 사람 얼굴은 참 다르다. 그러니 만물의 영장이라 칭하면서 고귀한 존재로서 대접받고 사는 건지도 모른다. 얼굴이 다르듯이 모든 사람의 생각 또한 다르다. 비슷이야 하겠지만, 정확하게 똑같지는 않다. 이 생각이 서로 비슷하더라도 다른 생각에서는 또 달라지는 것이다.

대여섯 명이 모여 어떤 문제에 대해서 해결책을 모색할 때도 각기 다르다. 생각하기 싫은 사람만이 저 사람의 생각과 같습니다, 라고 말할 뿐이다. 사실 생각하면 모두 다른 생각을 가지고 있다. A의 말이 맞을 수도 있고, B의 말이 맞을 수도 있다. 혹은 다 틀릴 수도 있다. 정답이 맞고 안 맞고를 떠나 모든 사람들의 생각은 다르다. 사실 같으면 안 된다. 달라야 인류가 발전하고 존재할 수 있고, 민주적이 되며 협의의 과정을 통하고 지성을 모으는 행위 따위를 하는 것이다. 모두 생각이 같다면 뭐 하러 토의, 토론 같은 걸 하겠는가.

나는 비교적 다른 사람의 말을 잘 따라 주는 편이다. 왜냐면 내 갑빠가 약하기 때문이다. 주장이 세지 않다. 때론 우유부단하고 이것인지 저것인지 헷갈릴 때가 많다. 자신이 없는 거다. 그러다 보니 다른 사람의 의견에 쉽게 동조하곤 하는데, 나중에 뒤돌아보면 내 생각을 너무 쉽게 버렸구나 하는 후회가 몰려오곤 한다. 어떨 때는 내 생각이 맞으니까 말이다.

내 위치가 회사라는 조직에서 팀원이라면 내 생각이 책정되지 않더라도 별 상관이 없지만, 내가 팀장의 위치라면 얘기가 좀 달라진다. 한 사안에 대해서 나의 생각(A)과 다른 사람들과의 생각(B)이 다름을 인정하지만, 정말 내 생각이 맞다는 판단이 들 때면 어떻게 해야 하는가. 많은 사람들의 생각이 B라고 해도 내가 그것을 따를 필요가 있겠는가. 경험을 통해 나는 A가 맞다고 생각하는데, 다수는 B를 원한다. 그래서 B를 따랐더니 결과적으로 A가 맞았다. 온통 책임은 팀장인 내가 지는 것이고, 맘에 들지도 않은 B를 따르고서 팀원들을 책망할 수도 없게 된다. 이런 경험이 몇 번 쌓이다 보니 이젠 내 생각대로 하는 게 맞다는 판단이 들기 시작했다.

이렇게 되니 또 다른 문제가 생기기 시작했다. 나는 다른 사람들의 눈에는 독선적이고 독단적으로 보이게 되는 것이었다. 결국 나도 꼰대가 되어 가고 있다는 뜻이었다. 나이가 들면 결국 꼰대가 되는 게 맞는 것일까? 그게 참 싫어 보였는데. 그렇게 보이는 게 싫어서 남들 의견을 따라 주었는데. 결국 책임은 내가 지는 것이니, 나는 꼰대가 될 수밖에 없나 싶다.

075

SBS 스페셜 부모 VS 학부모 제작팀 **부모 VS 학부모**

후회하는 한 가지

통계에 따르면, 우리나라 청소년의 12.4%가 컴퓨터 게임에 중독된 상태라고 한다. 컴퓨터만으로도 모자라 스마트폰까지 보급되면서 부모들의 걱정을 더하고 있다.

나도 게임 중독자였다. 뭔가 하나에 꽂히면 뽕을 뽑는 유전자를 타고 나서 그런 거 같다. 고등학교 1학년이 되어 첫 시험을 치렀는데, 반에서 3등을 했었다. 나름 8학군 학교라서 이 정도 성적이면 꽤 괜찮았었다. 그러다가 방학을 보냈고, 방학 동안에 KOEI사에서 나온 '삼국지2'라는 게임에 완전 몰입하게 되었다. 당시 이문열이 쓴 삼국지를 읽은 뒤였기에 더 강했다. 게임을 통해 내가 유비가 될 수 있었고, 내가 삼국통일의 주인공이 될 수 있었다. 정말 꿈같은 일이 게임을 통해 이루어질 수 있었던 것이다. 근데 그게 반복되다 보니 문제가 생겼다. 공부를 등한시하게 된 것이었다. 성적은 점점 떨어졌고, 고등학교 2학년 때는 반에서 17등까지 떨어졌었다. 당시 공부를 해야겠다는 생각은 강했지만, 게임이 나를 놓아 주지 않았다. 그게 바로 게임 중독의 무서움인 것이다. 시험기간에도 게임은 계속되었다. 공부를 열심히 하다가 잠시 피로 좀 풀어야지 하면서 잠깐 건드린 게임으로 밤을 새우고 그대로 학교 시험에 간 적도 있었다. 완전 미쳤던 것이다.

그것도 모자라 군대를 갔다 와서는 스타크래프트라는 게임에 폭 빠졌다. 이건 기존의 게임과는 차원이 달랐다. 인터넷으로 묶여서 다른 사람과 대전을 통해 승수를 쌓는 맛이 일품이었다. 길드게임동호회에도 들어서 같이 게임하는 사람들이 생겼고, 밤낮으로 미친 듯이 게임에 빠졌다. 군대까지 갔다 온 놈이 완전 미친 것이다. 학사경고까지는 안 갔지만 전 과목을 D로 깔았다.

지금 와서 생각하면 정말 정말 후회가 된다. 내 인생에 있어서 가장 후회되는 부분이 게임이다. 게임만 아니었더라면, 내가 게임할 때 따끔하게 손모가지를 분질러서라도 게임을 못하게 해주셨더라면, 하는 책망이 밀려온다. 게임을 통해 허비한 시간과 노력과 시력과 뇌의 멍청함은 얼마나 안타까운지 지금 생각하면 울화통이 치밀어 오른다.

나의 중독 기질은 어머니로부터 물려받은 것 같다. 어머니께서도 뭔가에 쉽게 빠지시는 분이신데, 예전에 손댔던 '점' 10원짜리 고스톱을 아직도 꾸준히 즐기신다. 아들 밥 주는 것도 잊을 정도니까, 대단한 거다. 이런 유전자를 물려받아 나는 게임으로 인생을 허송했다. 결혼 후 아내가 바짝 조여 주어서 나는 게임의 마력으로부터 빠져나올 수 있었다. 신혼 때도 게임을 하다가 아내와 잦은 다툼이 있었고, 문제가 많았다. 고등학교 때 게임으로 망했고, 대학교 때도 그렇고, 결혼 생활까지 게임 때문에 망치고 싶은 마음이 없었다. 더군다나 아이까지 생긴 마당에 이렇게 더 이상 살 수는 없었다. 아이마저 버리고 싶지 않았다. 나는 게임을 접고서 아내의 도움으로 책을 읽기 시작했다. 나의 미친 중독 기질은 이제 완전히 책에 빠지게 된 것이다. 집은 책을 읽을 수밖에 없는 환경으로 바꾸어 놓았고, 그러다 보니 책만 보게 되었다. 그렇게 몇 년을 지내다 보니 이젠 책 없이는 못 사는 삶을 살게 되었다. 지금도 가끔 게임을 해 보긴 하는데, 예전만 못하다. 왜냐면 남는 게 없기 때문이다. 책이라도 읽으면 뭐라도 배우는 것이 있는데, 게임엔 그런 게 없다.

076

피터 드러커 21세기 지식경영

미래를 위한 준비

그리고 비록 파트타임일지라도 75세 또는 그 이상이 될 때까지도 계속 일을 해야만 할 것 같다. 달리 말해, 평균 근로생활은 50년쯤 될 것 같은데, 지식근로자에게는 각별히 그렇게 될 것 같다는 것이다.

그러나 성공적인 기업의 평균 기대수명은 겨우 30년밖에 안 된다. (중략) 그러므로 근로자들, 특히 지식 근로자들은 특정 고용기관보다도 점점 더 오래 살 것이고, 단 하나의 직업이 아니라 여러 직업을 가질 준비를 해야만 한다. 따라서 당연히 단 하나의 과업과 단 하나의 경력만으로는 안 되고, 그 이상을 준비해야만 한다.

내 주변만 해도 직장에서 잘릴 걱정으로 대형버스 운전면허증을 딴다거나, 여러 다른 자격증을 따기 위해 분주히 움직이는 것만 같다. 얼마 전까지만 해도 나는 이것에 대해 무척이나 고민스러웠다. 회사에서 잘리면 뭘 먹고살아야 하지? 다른 자격증이나 기술을 배워놔야 하나? 가진 돈도 없고, 벌어 놓은 재산도 없고, 돈 많은 부모를 둔 것도 아닌데. 내 나이게 되면 으레 이런 걱정 한 번쯤은 하게될 것이다.

꽤 오랫동안 고민했던 것 같다. 그렇지만 고민만 한다고 해서 해결될 문제는 아니었다. 나름 결론은 이렇다. 일단 지금 하고 있는 일에 최선을 다한다. 잘릴 때 잘리더라도 최선을 다한다. 만약 잘리면 그때가서 버스 운전면허를 따면 된다. 어차피 잘렸으니까 시간도 많을 것이다. 그때 배우면 된다. 뭘 조급하게 지금부터 그걸 준비하고 있는가. 괜히 준비한다고 하다가 오히려 그것 때문에 잘릴 수도 있다.

사는 거 별거 아니다. 따뜻한 집 있고, 삼시 세 끼 먹고, 가족 간에 사랑으로 화목하면 그게 다다. 전쟁이 난 것도 아니고, 가족 중 누가 아픈 것도 아닌 이상, 정직하게 작고 하찮은 일이라도 열심히 하면 배곯지는 않을 수 있는 사회에 살고 있다.

회사 열심히 다니고, 퇴근 후에는 내가 좋아하는 책 읽기 열심히 하고, 가족과 함께 화목하게 지내고, 신앙생활 열심히 하면서 사는 게 정답이 아닐까. 언젠간 죽으니까. 영원히 살 거 아니니까 너무 조급하게 살 필요는 없을 것 같다. 예전에 이 책을 읽었더라면, 나는 아마도 시간을 쪼개서 자격증 공부도 틈틈이 해야 하고, 100살까지 먹고살아야 할 준비를 해야 한다는 둥 각오 단단한 글을 썼을 것이다. 그렇지만 이제는 그렇게 생각하지 않는다. 좀 여유를 갖는 게 더 중요하다고 생각한다. 아드득 빠드득 한다고 안 될 게 되는 것도 아니고, 될 게 안 되는 것도 아니다.

성공한 사람들은 놀라운 회복력으로 실망과 타격을 마주하며, 그로 인해 인생의 흐름을 거스르지 않는다. 그들은 마치 길가에 위치한 간이식당에 놓인 둔탁하고 오래된 플라스틱 머그컵과 같다. 그 머그컵을 한번 떨어뜨려 보라. 그저 튀어 오를 뿐이다. 머그컵은 이미 오래전에 종업원의 쟁반에서 떨어진 적이 있고, 앞으로도 또다시 떨어질지도 모르지만, 그때마다 다시 본래의 위치를 향해 바닥을 차고 위로 올라올 것이다.

회복력은 선천적일까? 후천적으로도 길러질 수 있을까? 선천적으로 잘 버티는 사람들이 있다. 이들은 은수저를 입에 물고 태어난 것과 같다. 한마디로 복받은 거다. 그렇다면 후천적으로도 가능할까? 가능하다고 본다. 실패, 실수, 잘못에 대한 회복력은 의외로 많이 실패하다 보면 자연스레 좋아진다. 많이 맞아 본 학생이 맞는데 도가 트는 것과 같은 이치다. 그래서 회복력을 기르기 위해서는 역설적으로 많이 깨져야 한다.

나는 고등학교 2학년 때부터 학교에서 많이 맞았다. 선생들은 대걸레 자루를 잘라 만든 몽둥이로 아이들 허벅지를 쳐댔는데, 처음에 맞을 때는 정말 뼈가 부러지는 줄 알았다. 뼛속 깊이 느껴지는 그 고통이란. 한 대 맞으면 곧바로 쪼그려 앉을 수밖에 없었다. 그래야 고통이 가라앉기 때문이다. 근데 어떤 녀석은 선생이 연달아 열 대를 내쳐도 꿈쩍도 안 하는 놈이 있었다. 쟤, 안 아픈가? 뭐 이렇게 세? 녀석이 부러웠다. 녀석에게 물어보니 녀석은 초등학교 때부터 그렇게 맞아서 이골이 났다고 했다. 아차! 그렇구나. 많이 맞으면 거기에 대한 뚝살이 생기는구나. 나도 고3 졸업할 때쯤 되니까 세 대까지는 그냥 버틸 만했다.

자신의 하는 일과 인생을 너무 진지하게 대하면 회복력은 떨어진다. 각자의 기준에 따라 지금 생각하는 것에서 10~20%만 거품을 빼

보자. 인생은 별거 아니다. 뭐 대수냐. 살면서 실패할 수도 있고, 실수할 수도 있지, 그런 재미없으면 무슨 재미로 사느냐. 죽지만 않으면 된다. 다시 시작하면 된다. 어차피 우리는 언젠가는 죽는다. 그때까지 할 수 있는 건 다 해 보고 죽어야 후회되지 않는다. 그래 해 보자. 이런 마음자세를 가져야 한다.

통통 튀는 플라스틱 머그컵을 보니 괴테가 한 이야기가 떠오른다. 괴테는 『괴테에게 길을 묻다』에서 이렇게 표현했다.

지푸라기와 알곡
인간은 사회적 운명과 가정적 운명에 의해 이따금 타작 마당의 곡식처럼 혹독하게 두들겨 맞을 때가 있다. 그러나 혹독한 운명이 풍요로운 곡식단을 두들길 때 망가지는 것은 지푸라기일 뿐 알곡은 조금도 영향을 받지 않는다. 알곡은 타작 마당 위를 재미난 듯 이리저리 뛰어다닌다. 방앗간으로 가게 되든, 밭으로 가게 되든 전혀 마음 쓰지 않고.

통통 튀는 플라스틱 머그컵이 되자. 타작 마당을 재미난 듯 이리저리 뛰어다니는 알곡이 되자. 역경을 피할 수는 없다. 있는 그대로 받아들이고, 할 수 있는 것을 하고, 기다리자. 그게 최선이다.

078
줄리언 바지니, 안토니아 마카로 지음 **최고가 아니면 다 실패한 삶일까**

나도 결국 침팬지였구나

우리들의 수많은 행위 이면에는 사회적 명성과 부를 추구하려는 욕구가 담겨 있다. 그렇지 않은 행동이라 하더라도, 서열 경쟁에서 조금이라도 더 높은 지위에 올라서려는 욕구 정도는 갖고 있다. 이런 욕구는 인간 진화의 역사에서 상당히 이른 시기에 나타났던 성향이다. 수컷 침팬지는 자신의 강함과 우월함을 드러내기 위해 손뼉을 치고, 발을 구르고, 시끄럽게 나뭇가지를 끌면서 '요란한 소리'를 낸다. 이런 면에서 우리 인간도 침팬지와 별 차이가 없다. 남들보다 우월한 지위를 차지하고 싶어 하고, '요란한 소리'를 내는 강한 인물이 되고 싶어 하는 것이다.

나의 행위를 관찰해 보면 위의 말이 맞다. 부정하고 싶지만 나의 행위는 사회적 명성을 추구하려는 욕구가 담겨 있다. 부에 대해서는 그다지 욕구가 없는데, 나는 명성에 대한 욕구가 강한 것 같다. 어릴 때는 이런 욕구가 없었다. 20대도 이런 욕구가 없었다. 그런데 30대 중반부터 '명성'에 대한 욕구가 생긴 것 같다. 자꾸 부정하고, 욕심내지 말자고 나를 다독여도 이런 욕구를 잠재울 수가 없다.

내 이름에 대한 욕구는 다름 아닌 책을 통해서다. 글을 많이 써서 내 이름을 알리고 싶은 마음이 있는 거다. 유명한 작가가 되는 꿈이 있고, 글을 잘 써서 내가 죽어서도 내 글이 남고, 내 이름이 남길 원하는 꿈이 있다. 명망 있는 사회적 인사가 되어 남들이 나를 알아보고 사인을 해오는 장면을 자주 꿈꾸기도 한다. 어떤 행사에서도 VIP 석에 앉는 꿈을 꾸고, 특별한 대우를 받는 꿈을 꾼다. 근데 이런 꿈을 남들에게 말하고 싶지는 않다. 왜냐면 이상하게 '쪽팔리기' 때문이다. 내 꿈은 작가가 되는 것입니다, 라고 당당하게 말을 하지 못한다. 왜냐면 그 꿈 속에는 나의 음흉한 생각이 자리 잡고 있기 때문이다. "글을 써서 많은 사람들에게 도움이 되고자" 합니다, 가 아니라 "글을 써서 저 좀 유명해지고 싶습니다"가 꿈이라서 그런 거다. 글을 쓰는 것이 정말 재미있는 작업이긴 하다. 사실 글로 벌어먹고 살고 싶은 마음도 있는데, 그 꿈이 이상하리만치 남 앞에서 당당하게 내세울 만한 것이 못 된다.

참 신앙인은 무욕無慾해야 된다고 들었다. 큰 부자가 되기를 바라지도 않고, 그저 먹고살 정도만 벌게 해 주십시오, 라고 빌어야 된다. 큰 명성을 얻기를 원하지 말고, 그저 남에게 욕이나 먹지 않을 정도만 해 주십시오, 라고 빌어야 된다. 근데, 이게 아직까지 나는 안 된다. 그런 욕심을 버려야 좀 더 인생을 잘 살 것만 같은데 그게 잘 안 된다. 또한 문제도 있다. 내가 욕심을 낸들 그게 내 욕심대로 이루어지겠는가. 헛된 꿈만 꾸고 있는 건 아닌지. 욕심내서 아득바득 살면, 과연 나에게 남는 것은 무엇인지 고찰해 보면, 결론은 또 다시 욕심 내지 말자로 향하게 된다. 하지만 또 일면에서는 그 욕심을 버리지 못하는, 이러지도 저러지도 못하는 아주 개 같은 상황 속에서 갈등하고 번민하고 있다.

시간이 흐르면 다 해결될 것이다. 내가 나중에 명성을 얻을지, 명성을 얻고 죽을지 알게 될 것이다. 혹은 죽어서 명성을 얻게 될지, 아니면 그저 그런 인생을 살다가 가게 될지, 나중에 그 누군가는 알게 될 것이다. 이 글을 쓰면서 가만히 내린 결론은 결국 돼야 되는 것이지, 욕심낸다고 되는 건 아니란 생각이다.

흔히 지식인은 나약하다고 하지만 밀턴의 생애에서는 권력이나 금력에 굴
복한 흔적을 찾을 수 없다. 맑게 살던 사람이 늙어서 추하게 변한다고 하여
'노추'라는 말이 있다. 곧게 살던 사람이 늙어서 탐욕에 눈이 먼다고 하여
'노욕'이란 말도 있다. 어려움에 처한 후에야 사람의 진면목을 알 수 있는 법
이다. 늙고 가난한 처지에서도 국왕의 회유를 거부한 밀턴의 행동은 그의
맑고 곧은 인품을 드러내는 훌륭한 증거가 된다.

나이가 들면 자신도 모르게, 아니 알지만 모른 척하면서 점점 권력 욕심이 생기거나 물질적 욕심이 생겨나는 것을 경계해야 한다. 늙을수록 힘이 없어지면서 뭔가 이룩해 놓은 것이 없어서 불안하기도 한다. 젊었을 때야 젊음이라는 한밑천으로 고생도 마다하지 않고, 오히려 고생을 자랑으로 살 수 있지만, 힘없는 나이가 되면 으레 더욱더 미래가 불안해지기만 하다. 그래서 늙을수록 오히려 맑게 살던 사람이 노추, 노욕하게 되는 경향이 크다.

예전에는 추석 선물로 여러 가지 것들이 들어오면 으레 직원들에게 나눠 주고 나는 단 하나도 챙겨 넣지 않았는데, 이상하게 나이가 드니까 내 것을 챙겨 넣는 내 모습을 보고는 나도 이제 나이가 들었구나. 늙어서 추해졌구나, 늙어서 욕심이 생겼구나 하고 느낀 적이 있었다. 자잘한 물건에도 욕심이 생긴단 말이다. 아주 추하게 늙어가는 꼴이라 할 수 있다. 물론 그 선물세트를 내가 쓸 요량은 아니었다. 아는 사람들에게 다시 나눠 줄 요량이었지만, 어쨌든 내 지갑에서 나가는 돈을 줄이고자 그런 요령을 피웠으니 나 또한 점점 노추, 노욕의 함정에 빠지는 것이 아닐지 경계가 되었다.

우리 역사에서 변절자의 모습을 보면 어떤가. 참으로 아깝지 않은가. 처음엔 참 좋은 사람이었는데, 늙으면서 자신의 초심을 잃고 나쁜 사람보다 더 나빠지는 모습을 보고 우리는 얼마나 그를 비웃는가 말이다. 인생 80년을 잘 살고자 죽어서 8천 년 아니 8억 년 이상 욕을 먹게 되는 꼴이다. 이 얼마나 비참한가. 후세의 눈을 생각하면 절대로 그럴 수 없는 거다. 물론 이름 석 자 변변치 못한 사람들에겐 예외가 될지도 모르겠으나, 세상에 비밀은 없는 법이니 모두에게 공통적으로 적용되는 것이라 하겠다.

080 박완서 지음 두부

말은 자신의 정체성이다

입학하자마자 우리말은 한마디도 쓸 수가 없는 이상한 세계가 기다리고 있었다. 그때 우리는 서울 변두리 빈촌에 살았는데 엄마가 나를 집어 넣은 학교는 부유한 고급 주택가의 명문학교였다. 그 학교 아이들은 대부분 신식교육을 받은 부모 밑에서 자랐기 때문에 쉬운 일본말은 알아들었고, 읽고 쓸 줄도 알았다. 교과서에 나오는 일본말에다 한글로 토를 달아 읽는 나를 아이들은 이방인 취급했다. 그러나 그 나이란 워낙 언어습득이 빨라서 나도 곧 알아듣는 데는 지장이 없게 되었고,

1937년 중일전쟁이 터지기 전에는 그래도 조선말 수업이 있었다. 그러나 중일전쟁을 기점으로 많은 문인들이 나라를 버리고(어차피 나라도 없었지만) 친일 문학의 시류에 편승하였다. 식민지가 된 지 거진 30년이란 시간은 우리를 그렇게 만들어 버린 것이다. 또한 중일전쟁을 기점으로 조선어 말살정책이 시행되었고, 그나마 있었던 조선어 시간도 완전히 없어지게 되었다. 조선어는 금기어가 되었다.

1931년생인 박완서는 식민시대에 태어났다. 학교에 들어가니 조선말을 쓸 수 없었다. 모든 수업은 일본어로 진행되었다. 조선말을 쓰면 선생님에게 혼났다. 박완서는 일본어를 배울 수밖에 없었고, 일본어로 문학을 습득하게 되었다. 그럴 수밖에 없던 시절이었다.

이 대목을 읽으면서 나의 할아버지의 형큰할아버지의 일화가 생각이 났다. 할아버지 댁은 여주였다. 지금은 여주가 시가 되어 제법 커졌지만, 내가 어릴 때만 해도 시골이었다. 서울에 살던 나는 방학이 되면 할아버지 댁 뒤에 있는 동산에서 놀았는데, 우리 할아버지의 형인 할아버지가 낫질을 하고 계셨다. 집성촌이라 친척들이 많이 살고 있었다. 큰할아버지께서는 낫질을 하시면서 우리에게 일본 노래를 가르쳐 줄까? 하고 말씀하셨다. 당시 나는 큰할아버지께서 꽤나 유식하다고 생각했다. 어떻게 할아버지가 일본말을 할 줄 알까? 너무도 어린 나에게 일제 감정기 상황을 알지 못했기 때문이었다. 우리는 흔쾌히 동의했고, 큰할아버지께서는 일본말과 일본 노래를 알려 주었다. 나는 그런 큰할아버지가 굉장히 자랑스러웠다.

근데, 자라면서 알게 되었다. 그게 그렇게 자랑할 만한 것이 못 되었다. 일제 감정기를 살면서 배울 수밖에 없었던 식민지 민족의 아픔이었다. 최근에 알게 된 사실인데, 할아버지는 1916년생 용띠셨다. 1916년생이면 이중섭과 동갑인 것이다. 할아버지는 1916년생 용띠, 아버지는 1946년 생 개띠, 나는 1976년생 용띠, 아들은 2006년생 개띠로, 어떻게 이렇게 30년씩 착착 맞아떨어지는지 재밌다. 큰할아버지는 할아버지보다 형이니까 두세 살 많으면, 1912~3년생이 될 것이다. 1910년 나라가 망하고 식민시대 초기에 태어나서서 자랐던 분이셨다.

어릴 적 배운 말은 잊지 못하는가 보다. 해방이 된 지 오래되었지만, 큰할아버지는 일제강점기에 배웠던 일본말을 마치 유식하다는 의미로 우리에게 자랑을 하셨던 것이다. 역사적 인식이 부족했던 촌부였음이리라. 박완서 또한 위 책에서 일본말로 익힌 문학의 영향을 무시할 수 없다고 말하였다. 이렇듯 말이란 민족을 구별할 수 있고, 자신의 정체성을 확립할 수 있는 엄청나게 중요하고 무서운 것이라 할 수 있겠다. 일본의 조선어 말살 정책은 잔인하며 고도화된 식민지 정책이라 할 수 있겠다.

돌아가신 아버지가 자주 하셨던 말씀 중의 하나.

"돈 있고 점심 굶으면 안 슬픈데, 돈 없고 점심 굶으면 서글프단 말야. 뱃속

으로 밥 안 들어가기는 마찬가진데, 참 이상하지."

모든 것은 양면성이 있다. 위기인 줄 알았는데 나중에 알고 보면 기회였음을 알기도 한다. 나에게 필요치 않는 일 같아도 나중에 보면 다 쓰임이 생기기도 한다. 똑같이 배가 고픈 것은 마찬가진데, 돈이 있고 없고의 차이는 결국 마음가짐의 차이에서 오는 것이다. 돈이 있고 없고에 대한 것도 마찬가지로 양면성이 있다. 돈이 없으니까 그로 인해 생기는 일들에 감사하고, 돈이 있으니까 그로 인해 벌어지는 것에 고마워하면 된다.

물질보다 강한 것은 사람의 마음이다. 마음이 어떻게 생각하느냐에 따라 같은 것도 달라지게 된다. 반쯤 물이 담긴 물컵을 보고서 한 놈은 물이 반밖에 안 남았네라고 비관하고, 다른 놈은 물이 반이나 남았다고 하는 것은 모두 마음이 하는 일이다. 팩트는 물이 물컵에 1/2 정도 찼다는 것인데, 마음에 따라 다르게 해석이 가능한 것이다. 팩트와 마음이 일치하는 것이 아닌 것이다.

팩트는 우리가 어쩌지 못한다. 그냥 받아들일 수밖에 없다. 그러나 마음은 스스로 조절할 수 있다. 그래서 우리에게 희망이 있는 것이다. 희망은 바로 마음에서 온다. 좀 더 희망적으로 볼 것인가, 절망적으로 느낄 것인가 선택은 바로 마음이 할 수 있는 것이다. 기왕이면 좋은 게 좋은 거다. 왜 굳이 나쁘게 볼 필요가 있겠는가.

남극 일기

그대 장자를 만났다

우리 안의 식민 사관

'조선총독부의 사냥이', 식민사학자들은
한국사를 어떻게 난도질했는가?

쌈닥굿닥

자본론 공부

김수행 교수가 온데자로 되어 이야기

Das Kapital
Karl Marx

슬로우 섹스

000명이 넘는 여성과의 실전경험으로 집필!

소설가의 일

꿈의 힘

꿈, 무언, 그리고 창조의 역사

지성에서 영성으로

부모라면 유대인처럼
하브루타로
교육하라

반동의 물

행동한 예수

김근수 지음

'A학생'은
함께서 일하게 되는가
'C학생'
그리고 왜
'B학생'은 공무원이 되는가

바른마음

나의 옳음과 타인의 옳음은 왜 다른가

THE RIGHTEOUS MIND

인간

부모 vs 학부모

인간의 본질을 밝히는
인문학의 첫 번째 질문

나는
누구인가

내 인생에 힘이 되어준
니체의 말

곁에 두고 읽는 **니체**

사춘기
쇼크

6부
세상 그리고 나

082 남기수 지음 남극 일기
캠퍼스 추억

내가 처음에 머물렀던 기숙사와 일 년에 서너 번씩 옮겨다니던 값싸고 허름한 하숙집들, 하루 세 끼를 해결하던 붐비는 학교 식당, 학생들에게 할당된 연구실, 강의실이 모여 있는 두 건물, 이 모든 것의 중심에 위치한 도서관, 수요일과 주말이면 영화를 상영하던 강당 등은 그때 나의 학교 생활의 맥을 이어 주던 매듭들이었다.

내가 대학에 들어간 해는 1995년이었다. 집과 학교의 거리는 버스로 30분밖에 되지 않았다. 그럼에도 불구하고 나는 학교 기숙사에 들어갔다. 이유인즉슨 기숙사 생활을 해야 학교에 잘 적응할 수 있고, 타과 선배들도 많이 알 수 있다는 얘기를 들어서였다. 뭣도 모르고 나는 호랑이굴로 들어가 버렸다.

내가 쓴 호실이 정확인 몇 호실이었는지 기억이 나지 않지만, 3층이었던 것 같다. 방 하나를 4명이 사용했다. 군대를 갔다 온 복학생 선배 둘, 나보다 한 기수 높은 선배 하나에 막내인 나까지 도합 4명이었다. 침대는 2층 침대로 복학생들이 1층을 차지했고, 짬밥에서 밀리는 나와 한 기수 위 선배는 2층을 차지했다. 2층이 결코 좋지만은 않았다. 2층 침대의 로망이 있는 자여, 거기서 몇 달 생활해 보면 얼마나 불편한지 알게 될 것이다.

정말 기숙사 생활을 하니까 많은 선배와 동기들을 알 수 있었다. 복도를 가는 곳마다 동기가 아니다 싶으면 인사를 해야 했다. "안녕하십니까!" 아침 6시인가 6시 30분이면 기숙사 앞에 전부 모였다. 아침점호였다. 그렇게 모여서 간단히 체조를 하고, 학교를 한 바퀴 뛰었다. 여자도 예외는 없었다. 다들 화장 못한 푸석한 얼굴들이었다. 무릎 나온 운동복 차림. 어제 마신 술이 덜 깬 멍청한 얼굴들. 수염. 머리 눌림. 정말 가족적인 분위기였다. 그렇게 하루를 시작했다.

1학년 때 학교 수업은 엉망진창이었다. 교실을 두고 우리가 움직여야 했다. 고등학교 때는 선생들이 들어왔는데, 우리는 가만히 있으면 됐는데, 비싼 등록금 내는데도 우리가 직접 발로 교수들을 찾아가야만 했다. 그 당시엔 좋다말다 할 것도 없었다. 그냥 정신이 없었다. 기숙사에서도 점심을 제공하지만, 동기들과 우르르 몰려다니며 학생회관 식당을 이용하거나 학교 밖 식당을 찾아 돌아다녔다. 그리고 모든 수업이 마칠 때쯤이면 학기 초반이면 늘 그렇듯이 수많은 술자리들이 나를 기다렸다. 친목을 도모하기 위할 때는 술만 한 것이 없었다. 다들 서먹했지만 술 한 잔 들어가면 금세 친해지기 때문이었다. 그런 버릇이 학기 초반에 붙어 졸업할 때까지 이어졌다. 처음 버릇을 잘 들였어야 했는데.

제일 곤혹은 저녁 점호시간에 맞춰 기숙사에 들어가야 하는 것이었다. 아니, 술 마시다 말고 9시 30분에 들어가서 방청소, 복도청소하고 10시에 점호를 취해야 하다니…… 이건 기숙사 생활을 꼬셨던 선배들이 알려 주지 않은 사실이었다. 더군다나 막내인 나는 무조건 들어가서 청소를 해야만 했다. "미안 미안 나 들어가야 돼. 아, 진짜 2학기부터는 기숙사 나와야지. 이게 뭐야. 술 먹다 말고 청소하러 들어간다는 게……" 정말 왕짜증이 났던 시절이었다.

예의는 인간 세상에서 중요한 덕목이다. 그러나 그 예의가 '배웠다, 못 배
웠다', '잘났다, 못났다', '옳다, 그르다'의 잣대가 돼 사람을 차별하는 수단
이 되는 순간, 예의는 덕목이 아니라 폭력이 된다. 일 년 상을 치르느냐 삼
년상을 치르느냐를 두고 싸우다 피바람까지 일으키는 조선시대 예송논쟁
이 바로 장자가 걱정한 사태다.

제사상을 차릴 때마다 허둥지둥 댄다. 아직까지 집에서 직접 차리지는 않지만 친인척 집에 가서 제사를 드릴 때마다 어수선하다. 홍동백서니, 장국은 어디에 놓느니, 이게 맞느니 저게 맞느니 매년 매번 같았다. 그래서 큰맘먹고 제사 예식에 대해 공부하고자 했다. 그런데 여기저기 찾아봤지만 각기 다 달랐다. 결론은 각 지방마다 다르고, 각 가정마다 다르다는 것이었다. 황당했다.

돌아가신 날에 딱 맞춰 제사상을 차리는 것에 의견이 분분했다. 0시에 차리는 것이 마땅한데, 평일 자정에 제사상을 차린다는 것은 너무도 현실적으로 어려웠다. 그래서 조금 당겨 저녁 8시~9시쯤 하였다. 사실 평일에 9시도 조금 힘든 감은 있었다. 제사 올리고, 치우고 하다 보면 시간이 늦어지고 또 집에 오는 시간까지 하면 새벽에야 집에 도착해야 되지 않는가. 그래서 타협한 것이 제사 있기 전 주말에 모이는 것이 어떻겠느냐는 의견이 나왔다. 아웅다웅했다. 말도 안 된다. 그런 놈의 제사가 어디 있느냐. 일 년에 한 번 있는 제사인데 그것도 못 참느냐.

결국 현실은 어쩌지 못하는지 제사 있기 전 토요일 저녁에 제사를 올리기로 합의를 보게 되었다. 좀 더 여유롭게 제사를 지낼 수 있었고, 오랜만에 식구들끼리 만나서 밤새 이야기하면서 늦잠을 자도 부담이 없었다.

여기에 한 발 더 나아가 나와 아내는 둘만의 의견에 합의를 보았다. 제사상을 아예 차리지 말자. 그 상차림이 뭐가 중요한가. 살아계셨을 때 잘하는 게 중요하지 돌아가신 다음에 상다리 부러지게 차린들 그게 다 무슨 소용이란 말인가. 음식 만드는 수고를 좀 줄이고, 차라리 그날은 돌아가신 분에 대해서 편지를 써서 낭독한다든지, 그분 살아 계셨을 때의 추억을 되새기며 그분을 추모하는 것이 낫다는 합의였다. 제사 음식 만드는 데 치여서 사람들 피곤해하고, 큰 의미 없이 절하고, 술 올리고, 숟가락 밥뚜껑에 두드리는 예식이 무슨 의미가 있느냐는 것이었다.

차마 우리 부부의 합의 내용까지 다른 가족들에게 말하지는 못했다. 거부감이 분명 클 것이기 때문이다. 하지만 나와 아내의 제사는 반드시 그렇게 해 주었으면 좋겠다. 제사상 절대로 차리지 말고, 내가 죽은 날은 그저 조용하게 내 사진 보면서 생각 좀 많이 해 주고, 편지 써서 낭독 좀 해 주고, 내가 어떻게 인생을 살았고, 어떤 사람이었는지 추억해 주면 좋겠다. 흐흐흐 오히려 이게 더 어려운 부탁일까? 아들아?

084

이덕일 지음 **우리 안의 식민사관**

친일파를 척결하고 싶다

친일파들은 청산되는 대신 권력을 잡았고, 재산은 온존되었다. 이는 한국 사회 곳곳에 깊은 상처를 남겼다. 한국 사회 곳곳의 부조리를 캐보면 대부분 그 뿌리는 이 문제에 맞닿아 있다. 이제라도 이 문제에 대해서 바른 방향을 설정할 때가 되었다. 그것이 바로 '일제강점 찬양 처벌법' 또는 '일제 식민 지배 옹호 행위자 처벌법' 등을 제정하는 일이다.

우리나라는 자력으로 해방을 맞지 못하였기에 친일파를 척결하지 못했다. 개인적으로 가장 분통이 터지는 날은 1949년 6월 6일 '반민 특위 습격사건'이다. 반민특위는 반민족행위특별조사위원회를 줄인 말이다. 1948년 10월 12일 위원장에 김상덕이 선출되었다. 1949년 1월 5일부터 본격적으로 활동에 들어갔다. 그러나 대한민국 초대 대통령 이승만의 방해로 1949년 6월 6일 반민특위 습격사건이 발생되었다. 고작 5개월 활동한 게 전부였다. 6월 6일은 현충일이지만 나에게 6월 6일은 반민특위 해체가 더 마음에 남는다.

제2차 세계대전이 끝나고 프랑스, 네덜란드, 벨기에 등의 나라는 독일에 협력한 친독파들을 철저하게 처단하였다. 그들은 어떤 식으로든 제2차 대전에 참전했던 나라였다. 그러나 우리나라, 필리핀 등 이미 식민국가였던 나라들은 친일파를 척결하지 못하고 2018년인 지금까지도 그들을 척결하지 못하고 질질 끌고 있다.

미국이 일본에 원자폭탄 두 방을 터뜨리며 전쟁을 승리로 이끌었다. 당시 미국 대통령은 해리 트루먼이었고, 그는 직접적으로 일본에 원자폭탄 공격을 지시했다. 맥아더 장군은 태평양 미육군 총사령관이었다. 그는 일본 점령군 총사령관으로 일본 지배의 전권을 트루먼으로부터 부여받았다. 맥아더는 1945년 9월, 24군단의 하지 중장에게 남한 상륙을 명령하였다. 하지는 당시 한반도에 제일 가깝게 위치했기에 남한상륙의 명령을 받았던 것이다. 그는 한국에 대해서 잘 몰랐고, 일제의 인사들을 그대로 등용하였다. 1945년 9월 7일 맥아더는 이렇게 선언했다. 그는 해방군이 아닌 '점령군'이라는 단어를 사용하였다.

> "북위 38도 이남의 조선 영토와 조선 인민에 대한 통치의 전체 권한은 당분간 본관의 권한에 시행된다. 점령군에 대한 반항 행위나 질서를 교란한 자는 가차 없이 엄벌에 처한다."

이렇듯 자력으로 해방을 맞지 못하여 우리는 또다시 미국에 점령당했다. 우리를 점령한 미국은 일본인이 쓰던 그대로 다시 사용하였다. 우리가 친일파를 척결하든 말든 관심이 없었던 것이다. 그러니 친일했던 자들은 친미로 돌아섰고, 미국은 그들에게 기득권을 유지시켜 주었다. 그게 지금까지 이어져 내려오고 있는 것이다. 그러다 보니 우리나라는 물질적으로는 풍부해졌을지 모르지만, 정의가 바로 서지 못한 나라로 계속 남아 있는 상태다. 그리하여 이덕일 선생님은 지금이라도 '일제강점 찬양 처벌법', 또는 '일제 식민 지배 옹호 행위자 처벌법' 등을 제정하자고 주장하는 것이다. 이 법을 만들기 위해서는 법을 만드는 국회의원들을 잘 뽑아야 한다. 투표권은 우리 국민에게 있다. 우리가 힘을 모으면 이 법을 만들 수 있다. 어려운 일이 아니다. 공부 많이 하고 학력 높아진 국민들이 이제 세상을 바꿀 때가 온 것이다. 언제까지 친일 기득권의 노예로 살겠는가. 이제 들고 일어나야 한다. 내 자식 대까지 이런 세상을 물려줄 것인가.

085

헬스메디TV 쌤닥굿닥 제작팀 **쌤닥굿닥**

J군 응급실에서

응급과 비응급을 구분하는 가장 중요한 기준은 활력징후다. 혈압, 맥박, 심장박동, 호흡과 같은 요소들이 안정적인지 불안한지가 중요하다. 한마디로 죽을 수도 있는 상태인가, 아니면 죽을 가능성은 희박한가가 응급과 비응급을 가르는 첫째 요소다.

어떤 환자들은 빨리 치료해 달라고 고래고래 소리를 지르기도 하고 뛰어다니기도 하지만 응급실에서 일하는 사람들의 눈으로 본다면 오히려 빨리 치료할 필요가 없는 환자다.

아이가 어릴 때 일 년에 한 번씩은 4박 5일간 입원했다. 그것도 꼭 어디를 가려고만 하면 앓아누웠다. 녀석은 나를 닮아 좀 약하게 태어난 듯하다. 활발하기는 한데 자신의 체력을 넘어선 활발함은 종종은 병을 야기했다.

아이가 굉장히 어릴 때의 일이다. 아이가 아프면 어떻게 해야 할지 모르는 우리 신혼부부는 어느 날 저녁 아이의 열리 40도 가까이 오르자 잔뜩 겁을 먹었다. 어쩌지 어쩌지 하다가 그 밤에 차를 몰고 병원 응급실로 향했다. 당시 나의 애마는 경차였다. 애마의 RPM 최고가 8000인데, 7~8000까지 무지막지하게 밟아댔다. 마음이 급했고, 빨리 응급실에 가는 것만이 능사라 생각했다. 물론 나의 애마도 내 마음을 아는지 엄청난 괴성을 지르며 내달렸지만, 내 마음을 흡족시킬만한 속도는 아니었다.

20분을 달려 도착한 곳은 J군 OO병원이었다. 우리가 살던 E군에 있는 병원을 믿지 못해 옆에 있는 J군으로 달려왔던 것이다. 근데 응급실에 의사가 없었다. 졸린 눈을 비비며 나오는 어린 간호사 언니뿐이었다. 우리는 서둘러 아이를 싸매고 있던 이불 보따리를 풀며 아이를 봐 달라고 했지만, 그 언니는 너무도 퉁명스러웠다. 그 언니는 부모 품속에서 아양을 부릴 나이였지 누구를 배려할 만한 나이가 아니었다. 우리를 매우 귀찮아했다. '아이를 벗겨서 미지근한 물로 온 몸에 물을 발라 열을 식혀 주세요.' 라고 하곤, 어서 가주세요, 라는 눈으로 우릴 바라만 보았다.

결국 우린 응급실에서 아무것도 하지 못한 채 다시 20분을 달려 집으로 올 수밖에 없었다. 오는 차 안에서 나와 아내는 그 언니에 대해서 쌍시옷 소리를 날렸고, 응급실에서 해 주는 게 아니냐? 맞냐? 를 서로 따지면서 결론 없는 대화를 지껄였다. 아이의 몸은 여전히 뜨거웠고, 우리는 집에 도착하자마자 그 언니가 가르쳐 준 대로 미지근한 물로 아이의 몸을 닦기 시작했다. 처음에 아이는 버둥거리다가 몸의 물기가 마르기 시작하자 소름이 돋기 시작했다. 이를 어쩌지? 소름이 돋네? 열 식으려고 하는 건가? 아이는 계속 울었고, 이러지도 저러지도 못하는 우리 신혼부부도 눈물이 고였다. 우리 부부는 지금도 참 철없어 보이는데, 그 당시를 생각하면 얼마나 어린 것들이 아이를 키웠겠는가 싶다.

근 10년이 지난 지금 그 간호사 언니는 어디서 무엇을 할까? 그 언니도 결혼을 해서 아이를 키우고 있을까? 그 언니도 아이를 낳았는데, 아이가 아파서 응급실에 달려가 본 적이 있을까? 하긴 본인이 간호사이니 갈 필요는 없었겠지. 난 아직도 그 언니의 무심한 표정과 졸린 듯한 눈이 눈에 선하다.

인구의 대부분을 차지하는 임금 노동자계급이 예컨대 선거에서 승리하여

정치적 권력을 잡으면 사회를 변혁할 수 있습니다. (중략) 이렇게 되면 한

줌도 안 되는 재벌 총수 대신에 국민 대다수가 주인이 되는 사회가 되며,

따라서 사회는 더욱 평등하고 자유로우며 지배와 억압이 사라지게 될 것

입니다.

자본주의가 인간이 구현할 수 있는 최고의 사회는 아닐 것이다. 분명 거기에는 장점도 있겠지만 단점도 수두룩할 것이다. 모든 인간이 평등하게 혜택을 누리면서 살 수 있는 사회를 현실에서 구현할 수 있을까. 그건 공상에 지나지 않을까. 당연히 잘 사는 사람이 있으면 못 사는 사람이 있는 것은 당연한 것이 아닐까. 모든 사람이 똑같이 공평하게만 대접을 받는다면 어느 누가 열심히 살아갈 수 있을까.

자본주의가 극으로 치달아 빈익빈 부익부가 심화된다면 '빈'의 대부분을 차지하고 있는 국민들이 투표권을 행사하여 세상을 엎을 수는 있을 것이다. 예전처럼 봉기나 난동을 부리기보다는 투표권으로 세상을 바꿀 수는 있을 것이다. 국민이 좀 더 똑똑해지고, 세상이 뭔가 잘못되었다는 인식이 퍼졌을 때 가능한 일이리라. 하지만 투표로서 세상을 바꾼다 하더라도 결국 또 같은 세상이 오게 될 것이다. 자본가 세력을 몰아내고 그 빈 곳에 'ㅇㅇ단체'들이 채운다고 하더라도, 결국 그 안에서 기득권은 다시 태어나게 되어있다. 결국 그 누군가는 또 소수의 권력자가 되어 모든 국민들이 공평하게 혜택을 받는 세상을 만들 수는 없으리라 본다. 그런 꿈은 너무도 이상적이고 몽상적일 뿐, 현실성이 극히 떨어진다. 아니 그게 맞는 것이었다면 지금의 사회주의 국가나 공산주의 국가들은 왜 그렇게들 못 사는가. 오히려 독재국가가 되지 않았는가.

하지만 점점 양극화되는 것은 막을 수 있으리라 본다. 국민들이 똑똑해질수록 그런 사회는 빨리 도래할 것이다. 88만 원 세대, 비정규직이 판치는 세대들이 정신을 바짝 차려서 좀 더 국민을 대변하는 지도자를 뽑는다면 가능할 것이다. 원래 정치인들은 국민 편이 아니다. 그들은 권력자, 자본가들 편이다. 그들로부터 자신들의 정치자금이 들어오기 때문이다. 서민으로 태어나서 서민적으로 정치인이 되어 기득권층에 편입된 이들이 왜 변심하겠는가. 권력의 맛을 보게 되면 그간의 서민적인 것을 버리는 것이 일반적이다. 기득권층에 흡수되면 그들만의 리그에서 세상을 바라볼 뿐이다.

얼마 전에 머리를 깎으러 갔다. 남자 미용사였는데 말이 꽤 많았다. 그분이 이런 말을 해 주었는데, 아직까지도 귀에 윙윙 거린다.

제가 예전에는 정치에 관심이 없었는데요. 이제 나이가 들다 보니까 그게 피부로 와닿더라고요. 이번에 세금을 정말 많이 떼었어요. 정말 생각 없이 투표했는데 다음부터는 정말 우리 서민 편을 들어주는 사람 뽑으려고요. 정말 사람을 잘 뽑아야 될 것 같더라고요.

세상은 이렇게 바뀔 것이다. 점점 서민 편을 들어주는 사람을 뽑을 것이다. 일반 민중은 정치에 대해 별 관심이 없다. 그러나 자기 밥그릇이 걸린 문제라면 무섭도록 달라진다. 우리는 1960년 이후부터 혁명을 이뤄낸 위대한 민족인 것을 잊지 말자.

슬로우 섹스

Slow

섹스를 존중은 서로를 위안하고
저유하는 행위이다

000명의 내는 **여성**의 **실전경험**으로 집필!

1. 머리 쪽에 폐가 있어 항문에서 빨아올린 공기가 척추의 관을 통해 머리 쪽의 폐로 빨려 올라가는 느낌으로 숨을 들이 마신다.

2. 코로 7초에 걸쳐 천천히 숨을 내쉰다.

3. 항문을 10회 정도 바싹 쥔다.

4. 절정에 갈 것 같은 느낌이 올 때마다 몇 번이고 반복한다.

숨을 단숨에 들이마시고 가능한 만큼 길게 내쉬는 것이 중요하다.

우리가 섹스에 대해서 정식으로 배운 적이 있는가? 학교에서 배웠는가? 학원에서 배웠는가? 우린 전혀 배우지 못했다. 단지 우리를 가르쳤던 건 '야동'이었다. 이게 문제다. 섹스를 정식으로 제대로 배웠어야 하는데, 뭔 놈의 사회가 섹스를 죄악시하는 바람에 우리는 기껏 변태 같은 야동을 보면서 독학했어야 하는가. 그러니 이상한 성 개념이 잡힐 따름이다. 이 시점에서 섹스 학원이 생겼으면 좋겠다. 나는 내 아내의 손을 잡고 열심히 다니고 싶다. 물론 아내는 기겁하겠지만 말이다.

그래서 말인데, 학교에서도 배울 수 없었지, 학원도 없지, 그럼 책으로 배우면 된다. 아직까지 한국사회가 성에 대해 죄악시 하기 때문에 몰래 숨어서 책으로 배워야 한다. 서점에 가서 사기 껄끄러우니까 인터넷으로 주문해서 몰래 봐야 한다. 보고서는 책장에 감추기 힘드니까 열쇠 달린 서랍장에 고이 모셔 놔야 할지도 모르겠다. 아이가 볼 수도 있는 것이니까. 이런 답답한 사회가 싫지만 어찌 하겠노, 한국사회 한국남자로 살아가는 죄인 것을….

나는 조루는 아니다. 할 만치 한다. 아내가 만족할 때까지 할 수 있다. 남자가 그 정도는 되야 아내에게 대접받으면서 살 수 있는 것이다. 조루라면 이 책에서 말한 대로 실천해 보자. 괜찮을 듯싶다. 이 기술 배워서 헛짓거리 하지 말고, 아내에게 정성을 다해 보자.

요즘은 일이 너무 많다. 그래서 꼬치가 잘 안 선다. 아니 세울 시간이 없다. 과도한 업무 스트레스로 인한 불능인가 보다. 염병할 밥벌이 하느라 이게 무슨 꼴인고.

한편, 섹스학원이 무슨 필요가 있는가 싶다. (늘 그렇듯이 나는 이랬다저랬다 한다) 그냥 느끼면 되는 건데. 본능적으로 다 알아서 되는 데 뭘 배운단 말인가.

088 김연수 지음 소설가의 일
엔트로피의 법칙

가만히 놔두면 안 좋게 변하는 건 운명이나 팔자 탓이 아니라 이 세상이 그

렇게 생겨먹었기 때문이다. 과학에서는 이걸 '엔트로피의 법칙'이라고 말

한다. 가만히 놔두면 내 책상은 지저분해지고, 수염은 제멋대로 자라고, 바

닥에는 지우갯가루가 흩어져 있게 되는데, 이건 우리가 사는 우주가 그런

곳이기 때문이다.

우리의 인생은 흐르는 강물을 거슬러 올라가는 배와 같다. 가만히 놔두면 퇴보하게 된다. 적어도 강물 속도에 맞춰 노를 저어야 현상 유지라도 할 수 있다. 전진하기 위해서는 강물보다 속도를 더 내야 한다. 우리의 인생은 악에 빠지기는 너무도 쉬운 것 같다. 그러나 선을 행하기는 강물을 거슬러 오르는 것과 같이 힘들다. 불행은 인생의 절반을 넘는 것 같고, 행복은 가끔 오는 손님처럼 드물기만 하다. 우리가 사는 우주가 그런 곳이기 때문이다.

하지만 우리는 우리의 하루를 공으로 선물 받았다. 2018년 새해가 밝았다. 또 2018년이라는 해를 선물 받은 것이다. 노력하지 않았다. 그저 태어났을 따름인데 또 하루를 공으로 얻은 것이다. 오늘을 살고 싶어 했던 어제 죽어 간 사람들도 많다. 그러나 이 글을 읽고 있는 우리는 모두 살아남았기에 또 오늘을 선물 받았다. 이렇듯 전혀 노력 없이 하루를 선물 받았는데 어찌 허송할 수 있겠는가.

중학생 때만 해도 자신감이 넘쳐흘렀다. 공부면 공부, 운동이면 운동, 노래면 노래, 안 되는 게 없었다. 공부를 조금만 해도 성적이 쑥쑥 올랐고, 어떤 운동이든 조금만 연습하면 몸에 붙었다. 노래는 아무리 고음을 불러도 남아돌았다. 상승기류를 탄 느낌이랄까. 그 시절엔 정말 안 되는 게 없던 시절이었다. 뭘 해도 겁이 나지 않았고, 너무 잘나서 그게 걱정이었다. 조금 못나길 바랐던 시절이었다.

그래서 자만을 했다. 고등학생이 되어선 인생을 좀 달리 살았다. 그냥 놔두었다. 좀 못나지고 싶은 마음이 있었다. 공부를 등한시했고, 게임에 빠졌다. 노력하지 않았던 것이다. 그러니 강물을 거슬러 올라가던 추진력을 잃고 강물에 휩쓸려 떠내려가는 꼴이 되고 말았다. 계속 나를 그 강물 속에 놔두었다. 결국 내가 원치 않은 대학교로 진로가 결정되었고, 원치 않았던 학과에서 또 나를 내버려 두었다. 가만 보면, 고등학교 2년, 대학교 4년, 군대 3년, 결혼 전까지 3년으로 도합 12년의 세월을 허송했다. 결혼 후 정신을 차리고 다시 노를 젓기 시작했다. 그러나 역부족이었다. 중학교 시절의 적은 노력으로 큰 성과를 올리는 그런 효율성이 전혀 생기지 않았다. 나의 배는 이미 폐선이 되어 배 안에 찬물을 퍼내기에도 힘든 상황이었던 것이다. 다시 원상복귀하려면 흘려 버린 12년의 세월 가지고는 되지 않는다. 더 많은 노력과 시간을 들여야 겨우 원상복귀될 수 있을 것이다. 그게 2배 걸린다면 적어도 24년이 걸릴 것이다. 31세를 기점으로 24년을 더하면, 55세가 되어야 중학생의 그 창창했던 시절로 겨우 복귀할 수 있는 것이다. 그 시절은 성공한 시절이 아니다. 성공 가능성이 높은 시절일 뿐인 것이다. 그러므로 성공하려면 더 많은 시간이 요구될 것이다. 적어도 10년. 그러면 나는 65살이 되어야 간신히 성공할 수 있다는 결론이 나온다. 중간에 인생을 열심히 살지 않은 결과가 이러한 결과를 가져오게 된 것이다. 그나마 다행이다. 지금이라도 열심히 살고자 하는 의욕이라도 있으니까.

프랑스어로 도르베유dorveille라 불리는 토막잠 사이의 깨어 있는 상태는

새로운 아이디어가 떠오르는 최상의 시간으로 알려져 있다.

이 책에 의하면, 우리 인류는 원래 토막잠을 살았다고 한다. 현대의 수면 패턴은 한번 자면 아침까지 자는 한 번에 쭉~ 자는 방식인데, 원시나 근대 이전의 시대에는 이렇게 자지 않았다고 한다. 즉 잠을 하룻밤에 두 번 잤다는 것이다.

왜? 그게 어떻게 가능할까? 전기불 없이, 촛불 없이 인간을 자연상태로 놔 뒀더니 현대인들도 하룻밤에 잠을 두 번 자게 되더라는 연구 결과가 나왔다고 한다토마스 웨어 박사 연구팀. 즉 인류는 자연 상태에서는 잠을 짧게 두 번 잤었던 것이다.

여기서 주목해야 할 점은 첫 번째 잠과 두 번째 잠 사이의 시간은 무언가를 창조하는 데 가장 최고의 시간이라는 것이다. 실제로 이렇게 잠을 자면서 창조적인 활동을 하는 사람들이 더러 있다. 나도 한때 이렇게 잠을 자곤 했는데, 첫 번째 잠을 자고 난 후의 정신활동은 뭔가 특별했다.

그렇지만, 이런 잠의 패턴은 가족들을 힘들게 한다. 아예 가족들 전부가 같은 잠의 패턴을 가지면 모두에게 좋을 텐데, 이런 잠의 패턴을 가진 가족은 거의 없을 것이라고 본다. 잠의 패턴이 서로 다르게 되면, 대화 부족 등의 문제로 가정 파탄이 날 공산이 더 크다.

그러니 각자의 상황에 맞게 처신해야 한다. 왕성한 창조적 활동을 원한다면, 하루에 잠을 두 번 자 보는 것이 좋을 것이고, 좋은 가정생활을 유지하려면 가족과 같이 잠드는 것을 권한다.

090 내가 직접 봤다고 그게 사실일 수는 없다

이어령 지음 **지성에서 영성으로**

교회에서 강연한 말들을 들으면 얼굴이 붉어지고 글로 정리된 강연원고를

보면 속이 상할 때가 많습니다. 녹취나 글로 정리하는 과정에서 일어나는

오류와 오해로 내 본뜻과는 많이 어긋난 것이 눈에 띄기 때문이죠.

정보 전달의 오류는 비일비재하다. 같은 사실을 갖고도 사람들마다 하는 말이 다르기도 하다. 어떤 것이 진실이고 어떤 것이 진짜 사실인지 파악할 수도 없다. 동시대에, 같은 공간에서 벌어지는 사건도 보는 사람마다 다르게 보고, 해석한다. 동시대, 같은 공간에서도 이럴진대 과거로부터 이어져 내려오는 역사나 사건, 사실들은 그 얼마나 왜곡이 되어 있을 것인가.

어떠한 사실을 보고서 자신의 눈으로 직접 봤기 때문에 그것이 진실이라고 말하지는 말자. 나의 주관적인 개념이 자신도 모르게 묻어 있으므로 나의 입을 통해서 나온 말은 사실이 아닐 수 있다. 내 눈으로 직접 봤어, 그러니까 그게 맞는 거라고도 말하지 말자. 눈은 내가 좋아하는 것만 보고, 내가 아는 것만 본다. 실제로 내 눈으로 직접 봤지만, 오류를 범하는 것이 얼마나 많던가.

한 사람의 말을 옮겨 다른 사람에게 전할 때의 오류는 더더욱 심각해진다. 예전 텔레비전에 출연자 네 명이 나와서 서로 귀를 막고서 속담을 전달하는 게임이 있었다. 사람을 거칠수록 본질의 뜻은 왜곡되어 맨 마지막 사람은 전혀 엉뚱한 말을 하기도 한다. 단 네 명만 거쳤을 뿐인데 그런 거다. 따라서 역사적으로 흘러 내려온 모든 얘기를 올곧이 믿어 버릴 수도 없게 된다.

항시 깨어 있어야 한다. 열린 시각을 가지고 내가 직접 내 눈으로 봤다손 치더라도 그 속에 오류가 있을 수 있다는 점을 인정하고, 다른 사람을 통해서 혹은 다른 것들을 통해서 수없이 검증하고 검증해야 비로소 진실사실을 올바로 바라볼 수 있게 된다.

하브루타는 질문으로 시작해서 질문으로 끝난다. 먼저 의문을 제기하는
질문이 있어야 토론이 되고 논쟁이 가능해지기 때문이다. 질문은 그 사람
의 수준을 정확하게 보여준다. 잘 이해되지 않는 것에 대해 질문하기 때문
에 질문 내용까지가 그 사람의 수준이다.

질문도 잘 해야 한다. 질문하라고 해서 막무가내로 막 던져서는 안 된다. 질문 자체에 내 수준이 들어 있기 때문이다. 아주 기초적인 것을 질문하는 사람을 보면 그 사람의 수준이 아주 기초적이라고 금방 판단이 들며, 보다 고차원적인 질문이면 그 사람이 고차원적으로 보여지게 된다.

TV에서 리포터가 인터뷰를 할 때도 우린 이런 사실을 확인할 수 있다. 리포터가 한 작가를 섭외해서 인터뷰를 하는데, 도대체 저 리포터는 저 작가의 책을 읽어 보기나 한 것일까, 하는 의문이 생겼다. 만약 리포터가 작가의 책을 읽었다면, 저 정도의 질문은 하지 않을 텐데라며 씁쓸했다. 인터뷰를 하고 있는 작가는 오죽했겠는가. 물론 시청자를 위해서 그런 질문을 던졌을지도 모른다. 그러나 인터뷰를 하고 있는 작가의 표정은 왠지 씁쓸해 보였다.

그렇다고 해서, 질문으로 자신의 밑천이 들통날까 봐 두렵다고 질문하기를 겁내서도 안 된다. 모르는 것이 죄인가. 모르는 것을 아는 척하는 게 죄지. 모르는 것을 인정하고, 남들에게도 인정하고, 질문을 던지자. 모르는 것을 모르는 대로 끝까지 함구하고 있는 것도 바람직하지 않다. 언젠간 들통나게 된다.

옛날에 행복과 불행이 함께 살았다. 행복보다 힘이 센 불행은 행복을 보기만 하면 못살게 굴었다. 행복은 견딜 수 없어서 이리저리 피해 다니다가 더이상 피할 곳이 없어서 하늘로 날아 올라갔다. 제우스신은 행복에게 이렇게 말했다.

"세상 사람들은 너희를 좋아하고 너희를 기다리고 있으니 여기서만 살 수는 없지 않겠느냐. 그러니 한꺼번에 내려가지는 않더라도 여기서 갈 곳을 잘 보아 두었다가 하나씩 하나씩 내려가도록 해라. 행복을 얻을 자격이 있는 사람에게로."

이렇게 해서 이 세상에서 행복은 좀처럼 볼 수 없게 되었고, 불행은 숱하게 굴러다니게 되었다는 이솝 우화가 있다.

삶은 고해, 이 글에서도 불행이 행복보다 힘이 세다고 표현된다. 행복은 가끔 찾아오는 선물 같은 거. 왜 신께서는 이렇게 만들었을까. 아니면 우리 인간들의 착각일까. 욕심 많은 인간들이 보기에는 행복보다는 불행이 더 많아 보이는 것은 아닐까. 분명 신께서는 공평하게 5대 5로 정확하게 행복과 불행을 나누어 주었는데, 그걸 욕망의 눈으로 삐뚤게 보는 것은 아닐까.

대신 신은 우리에게 생각할 수 있는 힘을 주셨다. 모든 것은 양면이 있다. 그래서 양면을 제대로만 구분할 수 있다면 불행도 불행이 아닌 것이 되어 버린다. 눈이 멀어 앞을 보지 못하게 되었지만, 자신의 내면에 침잠하여 보다 사색적인 기회를 제공받을 수도 있게 된다. 왼손이 다쳤으므로 왼손의 고마움을 깨닫게 되는 것이고, 아버지가 돌아가셨으므로 아버지의 고마움을 깨닫게 되고, 보다 독립적인 사람이 될 수도 있는 것이다. 위의 예로 든 것들은 내가 겪지 않은 일이다. 일부러 들었다. 이런 예를 들면서도 나의 마음이 초심을 지켜낼 수 있을지에 대한 의구였다. 몇 년이 흐른 뒤 이 글을 다시 보게 되면 나는 어떤 얘기를 할 수 있을까.

긍정적으로 살아라, 그래서 사람들이 이렇게 말하는 것 같다. 결국 모든 것에는 양면이 있으니 좀 더 긍정적인 것에 초점을 맞추면 불행이 행복이 될 수 있음을 알았던 것일까.

2

사람은 자신이 생각하는 대로 살아진다고 한다. 긍정적인 사람은 긍정적인 일들이 많이 생기고, 부정적인 사람은 부정적인 일들이 많이 생긴다고 한다. 믿는 바대로 인생이 그려진다는 얘기다. 그렇다면 인생은 행복한 거라고 결단을 내려 보면 어떨까? 진짜 인생에 불행보다는 행복이 더 많이 생기지 않을까?

애초부터 '인생은 고해다'라는 명제를 깔고 가면 인생은 진짜 고해가 될 가능성이 더 높다. 그럴 바엔 '인생은 달콤한 솜사탕이다'라고 결단을 내리면 어떨까? 물론 가끔 불행이라는 씁쓸한 파편이 튀기도 하겠지만 기본 바탕이 달콤하니 크게 문제 될 것이 없지 않겠는가. 그러나 실제로 인생은 달콤함보다는 씁쓸함이 더 많으니 아무리 마음을 저렇게 먹어도 마음만 아플 뿐 현실은 크게 변하지 않는다는 데 슬픔이 있다.

불행해지려고 사는 사람이 있을까? 누구나 행복을 꿈꾸며 산다. 돈을 많이 벌고 싶은 것도, 명예를 드높이는 것도 다 행복을 추구하기 때문이다. 나도 그렇다. 나도 행복하게 살고 싶다. 그런데 나에게 주어진 조건은 그다지 나를 행복하게 만들어 주지 않는 것 같아 슬프다.

그렇다고 계속 슬퍼할 수만도 없다. 결국 남는 게 없다. 슬픔을 인정하게 되면 계속 슬퍼질 일밖에 생기지 않기 때문이다. 이왕 사는 거 행복해지기 위해 기본 베이스를 '인생=행복'이라고 정의 내리며 살고 싶다. 감사한 일을 찾아 모든 것에 감사를 드리면 감사한 일들만 생겨난다고 한다. 실제로 이를 실험해 보면 안다. 아무것도 아닌 밥 먹는 것에 진심을 담은 감사를 드리면 정말 감사한 마음이 생겨난다. 그냥 보통 두 다리로 걷는 것에 대해서도 감사하면 그게 참 고마울 수 없다. 숨 쉬는 것도 감사해 보자. 너무도 고맙게 된다.

마음먹기에 따라 같은 현상도 다르게 볼 수 있다. 이게 참 재밌다. 똑같은 현상을 보고 A는 다크하게 생각하고, B는 브라이트하게 생각한다니 놀랍지 않은가. 결국 생각하는 대로 되어지는 거다. 지금 이순간 어느 누구는 행복해할 것이며, 어느 누구는 불행해할 것이다. 어느 것을 선택할 것인가. 선택된 되로 삶은 우리에게 주어지게 된다. 이게 바로 '일체유심조一切唯心造'다.

전례를 통한 깨끗함이 아니라 의롭게 얻은 재산이 사람을 깨끗하게 한다. 매일미사에 참석하는 것보다 불의에 가담하지 않는 것이 더 중요하다. 불의에 가담한 종교인이 바치는 전례는 하느님을 모독하는 행위다. 불의한 세력에 가담하면서 전례에 참석하는 신자들도 마찬가지다.

나는 2014년 부활절에 예수님을 영접하면서 내 삶이 조금씩 바뀌기 시작했다. 예수님이 십자가에 못 박혀 고통받고 있는 모습의 십자가상을 보면서 도저히 내 소원을 빌 수가 없게 되었다. '아니 저분은 우리를 위해 저런 극심한 고통 속에서 가셨는데, 나는 그런 분을 보면서 어찌 내 소원만 빈단 말인가. 정말 후안무치厚顔無恥하지 아니한가. 참 싸가지가 없다' 라는 생각이 들었다. 그러다 보니 나만을 위한 기도 아니라 공동체를 위한 기도가 늘었다. 사실 공동체 속에는 나도 포함되어 있다. 그러니 공동체를 위한 기도는 결국 나를 위한 기도도 되는 것이었다. 나는 나 외의 다른 누군가를 위해 기도해 주고, 다른 누군가는 또 나를 위해 기도해 주는 시스템이 너무도 좋았다.

또 하나, 하느님도 그렇게 사랑하시는 예수님을 저런 극심한 고통 속으로 몰아넣으셨는데, 나라고 벗어날 수 있겠는가. '늘 행복하게 해 주세요, 늘 평안하게 해 주세요, 늘 고통 없이 해 주세요' 라고 빌 수 있겠는가. 고통과 고난은 당연히 찾아온다. 행복도 온다. 이들이 섞여서 온다. 당연한 거다. 어찌 '늘 행복만 주십시오'라고 빌 수 있겠는가. 고통이 와도 감사한 것이고, 행복이 와도 감사한 것이다. 고통으로 인해 내가 배울 것이 있는 것에 대해 감사한 것이고, 내가 이겨내는 힘이 생긴 것에 감사한 것이고, 내가 알지 못하는 주님의 뜻에 대해 감사한 것이다. 행복이 오면 또 감사히 즐기면 되는 것이고.

또 하나, 평화. 천주교 전례 중에 '평화를 빕니다'라는 표현이 있다. 각기 모든 사람에게 '평화를 빕니다'라고 돌아가면서 인사를 한다. 여기서 말하는 평화는 그저 행복하고 풍요롭고, 안정적이고, 싸움이 없는 상태를 말하는 것이 아니었다. 신부님의 강론을 통해 들었는데, 내가 생각하던 평화와 천주교에서의 평화는 전혀 다른 의미였던 것이다. 여기서의 평화는 정의를 위해 투쟁하는 것도 평화로 본다. 불의를 보면서 안주하는 것은 평화롭지 못한 것이다. 불의를 보고 참는 것도 평화롭지 않은 상태인 것이다. 불의를 보고 불의와 싸우는 상태를 평화로 보는 것이다. 천주교 정의구현사제단이 있는 이유가 다 있었다. 이들은 평화를 위해 싸우고 있는 것이었다. 잘못된 세상 속에서 안위하면서 사는 것이 결코 평화가 아니라는 사실이 나를 충격에 빠뜨렸다.

중요한 것은 예수를 '믿고 안 믿고'가 중요한 게 아니다. 예수를 믿으면 천국에 가고 안 믿으면 지옥에 가는 것이 아니다. 아무리 예수를 믿어도 바르지 못하면 천국에 가지 못한다. 대신 예수를 믿지 않아도 바르면 천국에 갈 수 있다. 그럼에도 불구하고 왜 예수를 믿는가? 나라는 존재는 매우 의지력이 약하다. 작심삼일은 남의 말. 나는 작심일일도 못하는 미약한 존재이다. 이렇기 때문에 내 힘으로는 끝까지 바르게 살 수가 없다. 예수라는 분에게 의탁하여 보다 바르게 살고 싶기 때문이다.

로버트 기요사키 지음 왜 A학생은 C학생 밑에서 일하게 되는가 그리고 왜 B학생은 공무원이 되는가

날로 먹을 생각

나는 계속 일을 하든 안 하든 매달 혹은 매년 내 주머니로 돈을 넣어 주는 매개체를 만들어 놓은 것이다. 투자와 지적 재산, 자산 등의 매개체 말이다. 그게 바로 '중앙은행이 되는 것' 또는 내 돈을 직접 찍어 내는 것이 아니고 무엇이겠는가.

누구나 한 번쯤 상상하는 것이 로또 당첨이 아닐까. 1등 당첨되면 뭐 하지? 라며 동생과 밤을 새우며 얘기했던 기억이 있다. 그때 아마 백수시절이었을 것이다. 우리는 사이좋게 나눠 가지자고 이야기했고, 건물을 산다느니, 해외여행을 간다느니, 좋은 차를 사고 좋은 술집에 가자느니 재미있는 공상을 했다. 그리고 로또를 사댔지만 본전도 못 건졌다.

결혼 전 '유ㅇㅇ'라고 광고를 보면 돈을 주는 회사가 있었다. 일종의 다단계로서 많은 추천인을 모으면 그들이 광고를 볼 때마다 일정 수수료가 내 통장으로 입금이 되었다. 나는 딴에 열심이어서 열심히 인터넷에 홍보를 하였고, 명함도 만들어서 집집마다 돌렸다. 더 욕심이 나서 대리점을 계약하고 싶어서 친구에게 당시 150만 원이라는 거액을 꾸려고도 하였다. 그러나 몇 달간의 노력으로 내게 돌아온 돈은 약 5만 원이 고작이었고, 그 회사는 망해 버렸다. 150만 원을 투자했더라면 (그것도 꿔서) 정말 낭패였을 것이다. 이 일을 나중에 아내가 알게 되어 지금도 날 놀리곤 하는데, 그땐 정말 '되는 사업'이라고 생각했었다. 만약 잘만 되었더라면 지금 나는 매달 적어도 500만 원 이상씩은 통장에 꼬박꼬박 들어오는 시스템을 만들 수 있었다. 지겹게 매일 출근하지 않아도 됐다.

더 어릴 적에는 매일 만 원씩 나오는 지갑을 상상했었다. 그런 지갑이 있었으면 했다. 매일 거기서 나온 돈으로 과자를 사 먹고 싶었고, 방방을 타고 싶었고, 뽑기를 하고 싶었다. '황금알을 낳는 거위'란 책을 읽고 상상한 것이었다. 더 많은 황금을 가지려고 거위의 배를 가르는 우를 범치 않기 위해 절대 내 지갑을 찢지 않으리라 결심도 했었다.

그리고 보면 난 참 '날로' 먹을 생각을 많이 했던 것이다. 큰 노력 없이 쉽게 돈을 벌기 위해 별의별 짓을 많이 한 듯하다. 가장 수익률이 좋았던 것은 '문서 판매'였다. 문서 판매 사이트에 내가 작성한 독후감을 판 적이 있었다. 수년간 팔았었는데, 수입이 꽤 짭짤했다. 아내에게 명품 가방을 사 줄 정도였으니 괜찮았다. 책도 읽고 독후감 써서 파니 돈도 벌어서 좋았다. 그렇지만 그 짓도 오래 하진 않았다. 독후감 쓰기에 좋은 책들만 골라서 읽는 버릇이 붙어 여러 작품을 건들 수가 없었던 것이었다. 두꺼운 책은 피했고, 읽기 편하고 얇은 책만 고르는 내가 싫어졌기 때문이었다. 그래서 모든 자료를 처분하고 탈퇴하였다. 가끔은 그 시절 짭조름한 돈푼이 그립다.

얼마 전까지는 베스트셀러를 써서 돈 좀 만져 보려는 욕심이 있었다. 이지성처럼 좋은 자기 계발서를 써 볼까. 아니면 김진명처럼 흥미진진한 소설을 써 볼까. 아니면 전동조처럼 제대로 된 무협지 한번 써 볼까. 제대로 한 권 내놓기만 하면 돈방석에 앉는 건데. 매일 출근하지 않아도 되는데. 슬리퍼나 끌면서 박민규처럼 머리 기르고 선글라스 끼며 살 수 있는데….

이제야 밝히는 거지만, 『글쓰기로 부업하라』를 쓴 전주양은 내 필명이다. 필명으로 쓴 책이 많은데, 한 번 찾아보시길….

095 조녀선 하이트 지음 바른마음
도덕성은 참 감정적이다

나는 인도에서 나를 후원해주고 도와주고 가르쳐주는 그 사람들이 좋았다. 그곳에서는 어디를 가도 사람들이 나를 호의로 대해주었다. 그렇게 누구에게 고마운 마음을 느끼다 보면, 그들의 관점을 취하기가 한결 쉬워지는 법이다. (중략) 남자들을 성차별주의자에 압제자로 보던 생각이나 여자아이 하인을 무력한 희생양으로만 보던 생각은 자연스레 사라졌다.

어느 누군가가 나에게 잘해 준다면 일단 나도 그에게 호감이 생긴다. 그가 어떤 사람인지는 중요하지 않다. 나에게 호의를 베풀고, 나를 도와주고, 나에게 친절하게 해 주니 그를 착한 사람이라고 나는 확신한다. 그런데 그가 나에게만 잘해 주었지 남에게는 정말 악한 사람이었다는 것을 나중에야 알게 된다면, 그때도 그를 착한 사람이라고 판단할 수 있을까?

대학에 처음 들어가서 동아리를 찾아 기웃거릴 때 나는 마음속으로 댄스에 대한 로망이 있었다. 텔레비전 나오는 춤을 배우고 싶었고, 사람들 앞에 섰을 때 멋지게 춤추고 싶었다. 그래서 한 동아리를 찾았고, 그 동아리 선배들과 '찐하게' 친해져 버렸다. 선배들이 너무도 나를 챙겨 주었고, 너무도 사랑해 주었다. 따뜻한 마음을 가진 사람들이었다. 그런 그들이 좋았다. 그런데 나중에 알고 보니 그 동아리는 운동권의 율동패라는 곳이었다. 나는 방송 댄스를 배우고 싶었는데, 알고 봤더니 데모 동아리였다니. 충격이 적잖았다. 하지만 난 이미 선배들과 동기들과 너무도 친해진 상태였고, 데모에 뜻도 없으면서 데모를 따라다니기도 했다. 결국 그 동아리를 빠져나오지 못한 채 계속적으로 사람이 좋아서 남게 되었다.

다시 한 번 묻는데, 정말 악한 사람인데 나에게만은 정말로 너무도 잘해 주는 사람이 있다면 나는 그를 어떻게 판단하겠는가? 악한 사람이라고 그들 판단할 수 있겠는가? 이성적으로 판단해서 그를 악인으로 낙인찍을 수 있을까? 없다. 없을 것이다. 무슨 사정이 있겠지, 원래 저런 사람이 아닌데… 등등 그를 어떻게든 합리화시켜 주려고 갖갖이 이유를 갖다 대지 않을까? 물론 처음에 생각했던 대로 착한 사람이라는 이미지는 조금은 퇴색되겠지만, 그래도 남들만큼 쌍욕은 하지 못할 것이다. 그래도 나에겐 너무도 천사 같은 존재 아니었던가.

우리는 본인 스스로 이성적이라고 판단하고, 또 꽤 도덕적이라고 판단할지 모른다. 상식적인 생각을 갖고 있고, 고차원적인 이론은 몰라도 그래도 법 없이도 살 사람이라고 자부할지도 모르겠다. 그러나 우리는 이성적이지도 상식적이지도 합리적이지도 않다. 우리는 지극히 감정적인 동물로서 가끔 이성적인 판단을 할 뿐이지 늘 그렇지는 못하다. 그 점을 명기해야 한다. 우리가 내리는 도덕적 판단도 마찬가지다. 이성적이지 못하기 때문에 늘 점검을 해 봐야 한다.

과거에 나라를 잃고 경제난에 허덕거리는 지식인이 있었다. 그를 누구도 알아주지 않았다. 그러나 한 일본인이 그를 알아주었다. 먹을 것도 갖다 주고, 입을 것도 갖다 주고, 경의도 표하고, 존경심도 드러냈다. 나라를 망하게 만든 일본인이 이렇게 자신에게는 따뜻하게 다가오니 처음에는 거부감이 들었겠지만, 점점 그에게 호감도 생기기 시작한다. 결국 이 지식인은 자신을 알아주는 일본인에게 감동하

여 결국 변절을 하였다. 친일파가 된 것이다. 이게 이성적으로 이해
되는가? 인간은 절대 이성적인 동물이 아니다. 가끔 이성적인 동물
일 뿐.

096 베르나르 베르베르 지음 인간

인류구원

"이봐, 라울. 이제 지구가 없다면 인간은 우리 둘뿐이야. 우리가 인류의 마지막 생존자야. 우리 두 사람이 마지막으로 남았다고… 내 어깨가 무겁다는 생각이 들어. 아주 거대한 짐을 지고 있는 느낌이야."

베르나르가 쓴 몇몇 소설들의 공통점은 인류가 멸망하고, 멸망을 막기 위해 몸부림친다는 내용을 담고 있다. 이 책은 연극을 위한 희곡이다. 그럼에도 불구하고 소설처럼 술술 읽힌다. 내용이 참신하다기보다는 평이하기 때문이고 가볍기 때문이다.

핵전쟁으로 인해 마지막으로 남은 남자와 여자는 외계 생명체에 의해 유리관 속에서 사육된다. 남자와 여자는 마지막 인간이다. 서로 처음 만나는 사이이지만, 운 좋게도 프랑스인이라 언어 소통에는 문제가 없다. 결국 이 둘은 인류의 멸망을 좌시하지 않고 적극적으로 후손을 생산해 내는 것으로 결론을 맺는다. 과연 사랑 없이 인류의 종족의 번식만을 위하여 섹스를 한다는 것은 가능할까. 물론 희곡의 후반부로 가게 되면 서로 이해하고 호감을 갖게 되어 섹스를 한다.

이처럼 나에게 인간이라는 종족을 더 연장시킬 것인가 말 것인가에 대한 결정권이 주어진다면 나는 과연 어떻게 할 것인가. 종족 번식은 의무이기도 하지만, 내 선택에 의해서 인간을 완전 멸종시킬 수도 있는 것이다. 물론 외계 생명체가 키우는 애완동물로서 한정된 공간 속에서 살아가고 있지만, 그래도 인류를 위해서 나는 마음에도 없는 여자와 섹스를 하여야만 하는 걸까. 시간이 지나면 좋아하는 감정이 싹트고 결국 애를 낳게 될지도 모르겠지만.

공룡처럼 인간도 언젠가는 멸종이 될 날이 올 것이다. 물론 늘 그 래왔듯이 답을 찾을 수도 있을 것이다. 1976년생이라 재수가 좋아 전쟁 같은 거 경험하지 않고 살기에 지금 이 순간이 행복한지도 모르 고 살고 있다. 100년 전에만 태어났더라도 생고생하면서 살았을 것 을 정말 운이 억수로 좋다고 말 할 수밖에 없다. 행운이다. 아직 죽지 않아서 잘 모르겠지만, 큰 탈 없이 이럭저럭 살다가 갈 것만 같다. 인 류 역사상 너무나도 행복한 세대가 아닐까.

나이가 들수록 내 마음대로 하는 것이 점점 줄어든다. 의무에 의해 서 살게 되고, 강제에 의해서 살게 된다. 주체적이지 못하고, 타의적 으로 변해 간다. 점점 자의적인 행동과 사고가 줄어드는데 그럴수록 생각의 포용은 점점 줄어들고 나는 살아 있는 송장이 되는 느낌이다. 이런 느낌을 지울 수 있는 유일한 방법은 책 읽기가 아닐까. 책을 읽 는 동안만이라도 내가 죽지 않고 살아 있다는 것을 느끼며, 또한 타 의가 아닌 자의적으로 산다는 느낌을 받게 된다. 아무리 바빠도, 아 무리 시간이 없어도 짬짬이 시간을 내서 읽는 독서야말로 내가 유일 하게 살아있다는 느낌을 전해 준다. 푸석해진 뇌를 다소 말랑말랑하 게 만들어 준다.

인류 구원은 둘째 치고 나라도 구원했으면 좋겠다. 점점 파삭해지 는 나를 다시 잡아 좀 더 말캉말캉해지게 나를 구원하고 싶다. 인간

은 언젠가는 죽는다. 죽기 전에 이미 죽은 사람처럼 살고 싶지는
않다.

097

김춘희(?) 지음 **부모 VS 학부모**

외국어 공포

"사정은 알겠지만 여기서 이렇게 소파를 다 차지하고 있으면 곤란해요."

미안했던 마음이 싹 사라진다.

"아까도 얘기했지만 저희는 긴 밤 비행을 하고 왔구요. 호텔 체크인을 기다리고 있어요. 그러니까 우리도 이 호텔의 손님이라구요."

"죄송하지만 저희 호텔로서는 보기 좋은 모습이 아니라서요."

책 제목을 봐서 알겠지만 아이와 함께 유럽여행을 간 아줌마의 이야기다. 위에 인용한 글은 홍콩의 한 호텔에서 이루어진 호텔직원과의 대화를 말한다. 이 정도만 설명하면 되겠다. 역시 난 친절한 작가다.

난 이 책을 읽으면서 공포스러웠다. 무서웠고 두려웠다. 심장이 벌렁거렸다. 손에 땀이 뱄다. 웬만한 서스펜스보다 더 공포스러웠고 짜증이 났다. 이유는 한 가지였다. 외국어. 영어.

나도 일로 인해서 외국에 출장을 가는 경우가 왕왕 있다. 근데 곤혹스럽다. 영어가 되지 않으니까 미칠 것만 같다. 외국에 나가면 나는 완전히 작아진다. 별것도 아닌 놈들에게 단지 영어를 못한다는 이유 하나만으로 나는 병신 취급을 받는다. 외국에 나가면 이상하리만치 하나도 들리지 않는다. 나는 누구? 여긴 어디?

몇 번의 외국 출장 경험을 토대로 나는 외국어 공포증에 걸렸다. 비행기가 한국과 멀어지면 나의 공포감은 더욱 증폭한다. 한국말을 쓰는 사람이 이렇게 없었던가. 영어만 써도 세계 어딜 가나 통용되는데 나는 왜 한국어만을 배웠는가. 영어를 12년 이상 했건만 왜 나는 들리지 않는 것인가.

출장 세미나에서도 영어로 진행되는 것에 대해 불만이 많다. 하나도 들리지 않고 뭔 소리를 하는지 머리만 어지럽다. 내가 완전 바보가 된 느낌이다. 단지 영어를 못한다는 이유 하나만으로 나는 외국에 나가면 완전 바보가 된다. 예전 영국 출국 심사대에서 한 직원이 나에게 뭐라고 질문을 했다. 내가 못 알아 들으니까 아주 신경질스러운 표정을 지으며 영어로 적혀 있는 서류를 보여 주었다. 들리지 않으면 해석이라도 하라는 뜻이었다. 대충 뜻은 이러했다. '네 가방에 마약이 있냐?' 나는 없다고 말하고 싶었다. 그래서 'No'라고 대답했으나 맞는 답이 아니었던지 그는 계속 질문을 퍼댔다. 부정문으로 물어보면 Yes라고 해야 부정의 의미가 되는가? 미칠 노릇이었다. 일행은 벌써 통과해서 저만치에서 나를 기다리는데 나는 직원에게 붙잡혀서 계속 병신노릇만 하고 있었던 것이다.

영어를 잘하면 이득이 크다. 그런데 영어가 하기 싫다. 나는 영어보다는 한국어가 좋다. 그리고 지금부터 영어를 한다손 치더라도 영어를 잘할 수 없을 것만 같다. 이유는 나는 한국어도 잘 못하기 때문이다. 누가 뭔 말을 하면 잘 이해를 못하는 편인데, 심지어 영어라니. 그럼에도 불구하고 나는 영어를 매일 5분씩은 공부하고 있다. 그냥 위안 삼아 할 뿐이다. 영어를 잘하고 싶지만, 영어보다는 다른 것이 더 하고 싶기에 아직도 영어에 열심히 할지, 어떻게 할지 고민 중이다.

다시 앞으로 돌아가자. 이 책의 저자는 영어를 잘하는가 보다. 홍콩에서 호텔 매니저와 저렇게 영어로 싸울 정도니 얼마나 잘하겠는가. 부럽다. 나는 영어를 못하지만, 내 와이프가 영어를 잘했으면 좋겠다는 생각이 든다. 나라면? 홍콩 호텔 매니저와 어떻게 싸울 수 있었을까?

"사정은 알겠지만 여기서 이렇게 소파를 다 차지하고 있으면 곤란해요."
미안했던 마음이 싹 사라진다.
"아까도 얘기했지만 저희는 긴 밤 비행을 하고 왔구요. 호텔 체크인을 기다리고 있어요. 그러니까 우리도 이 호텔의 손님이라구요."
"죄송하지만 저희 호텔로서는 보기 좋은 모습이 아니라서요."
　　　　- 『열세 살 아이와 함께, 유럽』, 김춘희. 더블엔. 2014년.

"I am long flight. I am wait for hotel check in. And we are this hotel guest."

이게 맞으려나. 흥분되면 이런 말도 못할 거 같다.

098 자본주의

강신주 외 지음 나는 누구인가

오늘날의 우리는 내가 하고 싶은 일을 하는 경우보다 타인의 요구에 따라 움직이는 경우가 허다합니다. 모두가 노예의 삶을 살고 있는 것이 자본주의의 현실입니다.

자본주의는 우리를 그렇게 하도록 내버려두지 않습니다. 돈을 벌지 못하면 누구에게도 사랑받지 못합니다. 돈을 못 버는 아버지와 남편을 가족은 더 이상 사랑하지 않습니다.

(중략)

자본주의가 힘이 강하면 강할수록, 돈을 얻기가 힘들면 힘들수록 우리는 내가 원하는 것을 하기보다 타인의 요구에 맞춰 살게 됩니다.

자본주의는 영원하지 않을 것이다. 자본주의가 가장 인간의 습성에 맞는 체제라고 하지만 속속들이 불편한 진실들이 쏟아져 나오고 있다. 영원한 건 절대 없어, 라고 빅뱅의 지드래곤이 노래했듯이 자본주의도 끝이 있다. 대다수 민중들의 의식이 점점 고도화되므로써 그 속도에 맞춰 세상은 변해 갈 것이다. 열심히는 살고 있는데, 뭔가 찜찜한 기분이 드는 민중이 많아질수록 자본주의는 급속히 스러져갈 것이다. 지배자들 입장에서 교육 수준이 높아지는 민중들이 꽤나 불안할 것이다. 요것들이 좀 멍청해져야 하는데 자꾸만 똑똑해지니 다루기가 점점 어려워지니까 말이다. 그렇다면 요것들을 어떻게 요리한다? 그래 텔레비전을 이용하자. 채널을 100개로 늘이고, 24시간 볼 수 있도록 만들어라. 텔레비전 속에 빠져 생각할 겨를을 주지 마라. 정치에 관심 없게 만들어 버려라. 그래야 오래도록 내가 해먹지 않겠는가. 지배계급들이여 뭉치세. 그리고 만만대대 누리세. 우리의 권력을. 그래도 간혹 똑똑한 놈들이 솟아 나오기는 한다. 뭐 그런 것쯤이야 크게 걱정하지 않는다. 어느 시대나 그렇게 튀는 놈들이 한둘은 있었으니까. 고놈들만 잘 처리하면 된다. 대다수의 민중 쓰레기들만 움직이지 못하게 하면 된다. 흐흐흐. 대학 가기 힘들게 만들어 버리자. 서울대학교는 우리 지배계급만 갈 수 있도록 제도적으로 고쳐 놓자. 돈 있는 우리들만 법을 다룰 수 있도록 제도를 바꿔 놓자. 돈 없는 놈들이 우리 바운더리에 들어오지 못하도록 제도를 굳혀 놓자. 어디 건방지게 민중 쓰레기들이 우리 자릴 넘본단 말인가. 우리 자리는 대대손손 세습해야 할 것들인데, 저런 것들이 자꾸 들어오면 우리 자리가 모자라단 말이야. 그러니 우리끼리 합심해서 좋은 세상 만들어 보세나. 대학 가기 힘들게 만들어 버리자. 그러니까 애들이 학교 공부만 하게 만들자. 영어라는 것을 과대 포장해서 그걸 못하면 바보 취급을 해 버리자. 영어 잘 한다고 우리에게 해가 될 것은 없지 않은가. 영어 공부, 학교 공부에 몰입하게 만들어 이 세상 시스템이 어떻게 돌아가지는 알아채지 못하게 만들어 버리자. 지들끼리 지지고 볶게 만들어 뒤에서 조종하는 우리의 존재를 알아채지 못하게 만들자. 그래 우리 가진 거 많으니까 조그마한 선물은 하나쯤 주자. 지지고볶은 것들 중에 몇몇에게만 우리의 권력을 조금만 나눠 주자. 그 정도는 해야 참다운, 훌륭한, 바람직한 지배층이라 역사에 기록되지 않겠는가. 좁밥들아 어서 싸게싸게 굴러라. 니들끼리 경쟁해서 나 좀 더 편하고, 더 배부르게 만들어 줘라.

박수에는 세 가지 효용이 있다.

첫째, 분위기를 띄운다. 박수라는 단순한 행위로 공기가 뜨거워지고, 그 자리에 있는 사람들의 관계가 순식간에 가까워지게 된다.

둘째, 박수받는 쪽의 기분이 좋아진다. 칭찬을 받은 사람은 자신감을 갖게 되고, 칭찬해주는 사람에게 자연스레 호감을 느끼게 된다.

셋째, 이것이 최대의 효용인데, 박수를 치면 분노나 질투의 진흙탕에서 탈출할 수 있다는 것이다.

자신감을 북돋을 때 박수만 한 것이 없다. 뭔가 긴장이 되고 떨려 오는가? 오늘 회의에 발표가 있는데 살짝 긴장되는가? 오늘 큰 프리 젠테이션이 있는데 자신감이 없는가? 용기를 내고 싶은가? 힘을 내 고 싶은가? 정열적인 사람이 되고 싶은가? 그렇다면 박수를 쳐라.

예전에 회사에서 포스코로 견학을 갔다. 그곳에서 교육을 받았는 데, 그곳 강사님께서 한 사람 한 사람 자신의 발표를 할 때마다 자신 의 이름을 스스로 부르면서 박수를 힘차게 치라고 하였다. 내 이름이 김말똥이면, 김말똥! 김말똥! 하면서 박수를 힘차게 치는 것이었다. 그리고 거기에 있는 모든 사람들도 그 박자에 맞춰서 박수를 쳐 주 는 시간이었다. 정말 신기하게도 나의 긴장했던 마음은 온데간데없 이 사라져 버렸고, 자신감이 솟구치는 경험을 할 수 있었다. 이 책을 읽으면서 확신이 생겼다. 용기를 가지고 싶다면 박수를 쳐라! 언제까 지? 용기가 용솟음칠 때까지 격렬하게 쳐라.

뭔가 짜증이 나고 소리치고 싶고 우울해도 박수는 효과가 있다. 지 금 기분 상태를 점검해 보자. 우울한가? 박수를 쳐 보자. 격렬하게 손바닥이 떨어져 나가라고 쳐 보자. 계속 쳐보는 거다. 소리도 지르 면 좋지만, 이웃집을 생각한다면 박수만이라도 좋다. 치면 칠수록 후 련한 느낌이 오면서 우울증은 사라져 버린다.

우리는 우리 스스로에게 얼마나 박수를 쳐 주고 있는가? 우리를 얼마나 대단한 사람으로 보고 있는가? 설마 자신을 쓰레기라고 말하고 다니지는 않는지 점검해 보자. 우리는 개개인 하나하나가 모두 훌륭한 피조물이다. 수 억 개의 정자 중에서 1등을 한 존재들이다. 우리는 태어날 때부터 그런 엄청난 경쟁률을 뚫고 나온 존재들인 것이다. 우리는 모두 태어나기 전부터 1등을 경험해 온 존재들인 것이다. 본인 스스로를 사랑해야 한다. 본인 스스로에 대한 자부심을 가져야 한다. 아직 성공하지 못한 처지라도 우리 존재 그대로를 존중하고, 자부심을 가져야 한다. 자신을 존중하지 못하는 사람은 남도 존중할 수 없는 법이다. 남을 존중하기 전에 자신의 존재에 대한 경외감부터 가져야 한다. 본인을 사랑하지 못하면 남도 사랑하지 못하는 것이다.

자신의 존중하기 위한 첫 단추도 박수로 시작하면 좋을 듯싶다. 매일 아침 일어나서 자신을 위해 박수를 쳐 주자. 세수하고 거울 앞에서 본인의 얼굴을 바라보고 박수를 쳐 주자. 그것도 힘차게. 박수를 치면서 '나는 정말 대단한 사람이야!'라고 칭찬해 주자. 박수는 정신적으로도 건강하게 만들어 주지만, 신체적으로도 건강에 도움이 된다는 연구 결과가 있다. 그러니 이 좋은 것을 안 할 수야 없지 않겠는가. 돈도 안 들고, 시간도 얼마 들지 않는다. 힘도 그렇고. 그러니 오늘부터 자신을 위해 박수를 쳐 주자. 매일 쳐 주자. 힘들 때마다 쳐 주자. 심심할 때도.

100 곤란한 질문 피하는 법

이창욱 지음 **사춘기 쇼크**

이제부터 아이들이 곤란한 질문을 한다면 이렇게 이야기해 보시기 바랍니다.

"그 점에 대해서 너는 어떻게 생각하는데?"

"우리 한번 같이 생각해 볼까? 그 답을 어디에서 찾을 수 있을까?"

질문이 많은 사람을 만날 때가 있다. 가끔 보는 사이면 상관없지만 주야장천 계속 만날 사이이거나 같은 사무실에 있다면 여간 곤욕이 아니다. 괜찮은 질문을 해 준다면야 기꺼운 마음으로 대답해 줄 텐데, 시답지 않은 질문을 받으면 화가 솟구치기까지 한다. 때로는 대답해주기 애매한 것들도 있기에 질문받는 입장에서 질문 많은 사람을 만나면 쉬 피곤해진다.

그렇다고 대놓고 그걸 질문이라고 힐난할 수도 없다. 그렇지만 정성스럽게 대꾸할 마음도 없다. 가끔 침묵의 방법을 사용하는 것도 좋지만, 오래가진 못한다. 상대방을 기분 나쁘게 할 수 있기 때문이다. 가장 좋은 방법은 오히려 상대방의 생각하는 바를 물어보는 방법이 최고인 듯하다. 당신은 그 점에 대해서 어떻게 생각하시는지요?

왜 자꾸 나한테 질문을 해서 내 머리를 생각하게 만드느냐 말이다. 나도 다른 일도 해야 하고 다른 생각도 해야 하는데 왜 내가 니 질문에 대답해 주려고 내가 생각을 해야 하는가 말이다. 너는 생각 없이 툭툭 내뱉으니까 쉽지만 대답해 주는 나는 정말 힘들다. 이걸 니가 알기나 하냐. 속에서 천불이 날 때가 있다.

이제 너도 생각해라. 니 생각을 말해 봐라. 질문만 찍찍 싸대지 말고 너도 답을 네 골통을 굴려서 찾아라. 물고기를 얻을 생각만 하지 말고, 너도 물고기를 잡는 방법을 배워라. 그러니 너도 좀 생각을 해라. "그 점에 대해서 당신은 어떻게 생각하나요?" "왜 그렇게 생각하나요?"

피곤한 질문에 대한 회피책은 질문으로 역공한다는 것.

마흔살의
도서목록

2015년 4월 10일 JTBC 뉴스 JTBC | JTBC | 2015년

21세기 지식경영 피터 드러커 지음, 이재규 역 | 한국경제신문 | 2002년

THAAD 김진명 지음 | 새움 | 2014년

곁에 두고 읽는 니체 사이토 다카시 지음, 이정은 역 | 홍익출판사 | 2015년

공부해서 남 주다 대니얼 플린 지음, 윤태준 역 | 유유 | 2015년

공지영의 수도원 기행 공지영 지음 | 분도출판사 | 2014년

구글은 어떻게 일하는가 에릭 슈미트. 조나단 로젠버그. 앨런 이글 지음, 박병화
역 | 김영사 | 2014년

그때 장자를 만났다 강상구 지음 | 흐름출판 | 2014년

그리운 것은 그리운 대로 노승희 지음 | 세손 | 2000년

근사록 주희, 여조겸 공편, 안은수 역 | 풀빛 | 2010년

근성:같은 운명, 다른 태도 조서환 지음 | 샘앤파커스 | 2014년

글이 돈이 되는 기적 이성주 지음 | 생각비행 | 2016년

꿈의 힘 로버트 모스 지음, 신현경 역 | 수막새 | 2010년

나는 누구인가 강신주 외 지음 | 21세기북스 | 2014년

나는 더 이상 착하게만 살지 않기로 했다 이와이 도시노리 지음, 김윤수 역 | 다산3.0 | 2015년

나는 오늘부터 나를 믿기로 했다 케티 케이, 클레어 시프먼 지음, 엄성수 역 | 위너스북 | 2014년

나는 즐라탄이다 즐라탄 이브라히모비치, 다비드 라게르크란츠 지음, 이주만 역 | 한스미디어 | 2014년

나를 위한 인생 12장 안병욱 지음 | 자유문학사 | 2000년

나를 위한 하루 선물 서동식 지음 | 함께북스 | 2013년

나에게 남겨진 生이 3일밖에 없다면 구효서 외 | 생각하는백성 | 2003년

난세의 혁신 리더 유성룡 이덕일 지음 | 역사의아침 | 2012년

남극 일기 남기수 지음 | 황금가지 | 1998년

남자의 물건 김정운 지음 | 21세기북스 | 2012년

낭송의 달인 호모 큐라스 고미숙 지음 | 북드라망 | 2014년

내 머리로 생각하는 역사 이야기 류시민 지음 | 푸른나무 | 2010년

내 인생 후회되는 한 가지 공병호 외 지음 | 위즈덤경향 | 2012년

내가 글을 쓰는 이유 이은대 지음 | 슬로래빗 | 2016년

단단한 독서 에밀 파게 지음, 최성웅 역 | 유유 | 2014년

당신이 쓰는 모든 글이 카피다 카피책 정철 지음 | 허밍버드 | 2016년

대통령의 글쓰기 강원국 지음 | 메디치미디어 | 2014년

두부 박완서 지음 | 창작과비평사 | 2002년

둔감력 와타나베 준이치 지음 | 형설Life | 2007년

매력적인 장 여행 기울리아 엔더스 지음, 배명자 역 | 미래앤 | 2014년

멘토의 역할 전덕기 지음 | 조선문학사 | 2014년

명심보감 한국고전읽기장려회. 강성일 감수 | 아테나 | 2004년

목마른 인생 서정오 지음 | 두란노 | 2014년

미움받을 용기 기시미 이치로 지음 | 인플루엔셜 | 2014년

민주주의자 김근태 평전 김삼웅 지음 | 현암사 | 2012년

밀턴평전 박상익 지음 | 푸른역사 | 2008년

밑줄 긋는 여자 성수선 지음 | 엘도라도 | 2009년

바른마음 조너선 하이트 지음, 왕수민 역 | 웅진지식하우스 | 2014년

박수근 오광수 지음 | 시공아트 | 2002년

반통의 물 나희덕 지음 | 창작과비평사 | 1999년

버터널 권리 김병수 지음 | 위즈덤하우스 | 2015년

베끼고, 훔치고, 창조하라 김종춘 지음 | 매일경제신문사 | 2011년

부모 VS 학부모 SBS 스페셜 부모 VS 학부모 제작팀 지음 | 예담프렌드 | 2014년

부모라면 유대인처럼 하브루타로 교육하라 전성수 지음 | 예담 | 2013년

사춘기 쇼크 이창욱 지음 | 맛있는책 | 2014년

사춘기 통증 강선영 지음 | 북에디션 | 2014년

사표 사용 설명서1 황진규 지음 | 유심 | 2014년

살아 있는 동안 꼭 해야 할 101가지 최창일 지음 | 위즈덤하우스 | 2014년

생각의 힘 김병완 지음 | 프리뷰 | 2013년

선택이라는 이데올로기 레나타 살레츨 지음, 박광호 역 | 후마니타스 | 2014년

섭섭하게, 그러나 아주 이별이지는 않게 능행 지음 | 아띠울 | 2017년

성난 얼굴로 돌아보라 강신주 외 지음 | 메디치미디어 | 2014년

세상을 보는 지혜 탈무드 김진홍 지음 | 새벽이슬 | 2010년

소년은 늙지 않는다 김경욱 지음 | 문학과지성사 | 2014년

소설가의 일 김연수 지음 | 문학동네 | 2014년

솔직히 말해서 나는 돈이 좋다 오한숙희 지음 | 여성신문사 | 1999년

슬로우 섹스 아담 토쿠나가 지음, 손민서 역 | 바우하우스 | 2009년

쌈닥굿닥 헬스메디TV 쌈닥굿닥 제작팀 | 미디어윌 | 2014년

아름다운 사표 남시언 지음 | 라온북 | 2014년

아이가 열 살이 넘으면 하지 말아야 할 말 해야 할 말 앤서니 울프 지음, 곽
윤정 역 | 걷는나무 | 2013년

어느 특별한 재수강 곽수일, 신영욱 지음 | 인플루엔셜 | 2014년

어떻게 살 것인가 유시민 지음 | 생각의길 | 2013년

어떻게 원하는 삶을 살 것인가 우간린 지음 | 위즈덤하우스 | 2014년

어떻게 차별화를 할 것인가 김병완 지음 | 북씽크 | 2012년

에디톨로지-창조는 편집이다 김정운 지음 | 21세기북스 | 2014년

열세 살 아이와 함께, 유럽 김춘희 지음 | 더블엔 | 2014년

영성이 있는 일터 당근농장 이야기 노상충 지음 | 끌리는책 | 2014년

영원히 살 것처럼 배우고 내일 죽을 것처럼 살아라 M.토게이어. 주덕명 역
| 함께 | 2017년

왜 A학생은 C학생 밑에서 일하게 되는가 그리고 왜 B학생은 공무원이
되는가 로버트 기요사키 지음, 안진환 역 | 민음인 | 2014년

우리 안의 식민사관 이덕일 지음 | 만권당 | 2014년

이야기 세계종교 이길용 지음 | 지식의날개 | 2015년

이중섭 평전 고은 지음 | 향연 | 2004년

인간 베르나르 베르베르 지음, 이세욱 역 | 열린책들 | 2004년

인물로 보는 조선사 김형광 지음 | 시아 | 2012년

일본산고 박경리 지음 | 마로니에북스 | 2013년

일생에 한번은 고수를 만나라 한근태 지음 | 미래의 창 | 2013년

자기세상을 만들 용기 조관일 지음 | 클라우드나인 | 2015년

자본론 공부 김수행 지음 | 돌베개 | 2014년

자살을 할까, 커피나 한 잔 할까 엘리엇 부 지음 | 지식노마드 | 2012년

잠의 사생활 데이비드 랜들 지음, 이충호 역 | 해나무 | 2014년

잠자기 전 30분 공부법 다카시마 데쓰지 지음, 서수지 역 | 에디트라이프 | 2017년

정판교의 바보경 정판교, 스성 편저, 한정은 역 | 파라북스 | 2005년

조정래 사진 여행 길 조정래 지음 | 해냄 | 2015년

죽음의 미래 최준식 지음 | 소나무 | 2011년

준비된 우연 필립 코틀러 외 지음, 허병민 편 | 다산3.0 | 2015년

지성에서 영성으로 이어령 지음 | 열림원 | 2010년

책사 한명회 이수광 지음 | 작은씨앗 | 2006년

최고가 아니면 다 실패한 삶일까 줄리언 바지니, 안토니아 마카로 지음, 박근재
역 | 아날로그 | 2014년

탈무드 처세집 김하 편역 | 움터미디어 | 2015년

펄벅 평전 피터 콘 지음, 이한음 역 | 은행나무 | 2004년

하루25쪽 독서습관 남낙현 지음 | 더블엔 | 2014년

하버드 새벽 4시반 웨이슈잉 지음, 이정은 역 | 라이스메이커 | 2014년

하버드 인생수업 데이지 웨이드먼 지음, 안명희 역 | 세종서적 | 2014년

한 번은 독해져라 김진애 지음 | 다산북스 | 2014년

행동하는 예수 김근수 지음 | 메디치 | 2014년

허수아비춤 조정래 지음 | 해냄 | 2010년